活出自己的價值

——以孔子為師

傅佩榮◎著

【自序】

人人心中有孔子

《論語》是人生必讀的好書，其中記載的孔子言行，不論在任何時代與任何社會都會引起共鳴，這句話在今天二十一世紀依然有效。

由於長期研究孔子思想，我每隔幾年就有新的領悟。我所出版介紹《論語》與推廣儒家的書超過二十本，其中有不少是專為青少年而寫的。因此，一直存在的挑戰是：如何讓年輕朋友親切體驗孔子的思想價值與人格魅力。在思想價值方面有兩段話發人深省。

一是孔子說：「三軍可奪帥也，匹夫不可奪志也。」（《論語・子罕篇》）三軍統帥有可能被人劫走，但平凡百姓打定了主意，卻不可能被人奪走。你想過一個怎樣的人生？請自己打定主意，也就是自己負責。這句話提醒我們，人生首要任務是自我的覺醒，認清生命的可貴，然後珍惜自己的才華，進而培養、鍛鍊、發揮、成就之。

另一段話是孔子說：「人能弘道，非道弘人。」（《論語・衛靈公篇》）「道」是指人生理想，所以是人在弘揚人生理想，而不是靠這種理想來弘揚人，主動權在每個人自己，只看你是否真誠、是否堅持而已。不僅如此，這句話也肯定了人生價值是由內而發的，以及人性具備向善的力量，可以由自己來選擇正確的人生之路。

這兩段簡單的話，足以顯示孔子的思想價值。那麼，他的人格魅力呢？子路是孔子的學生，有一次被問到「孔子是什麼樣的人」，他不知該如何回答；孔子聽說了這件事，就以三句話描寫自己，即是：「發憤忘食，樂以忘憂，不知老之將至云爾。」（《論語・述而篇》）這是三忘主義：忘食、忘憂、忘老。我到現在只學會了「忘老」，對於「忘憂」還在努力之中，至於「忘食」則不敢想像。

《論語》中類似的資料很多，只待我們去細細品味，由此可說人人心中有孔子，而人生一大樂事正是：「以孔子為師，與孔子為友」。

幼獅文化公司在出版青少年圖書方面，既有經驗又有成效。我曾特地為年輕朋友寫過三本介紹孔子的小書：《在考驗中成長》、《肯定群我關係》、《展現人文之美》。現在，幼獅資深編輯朱燕翔小姐以這三本書為底本，參考我的相關作品，重新編選成一本適合今日青少年閱讀的書《活出自己的價值——以孔子為師》。這本新書的五個主題是：「偉大，來自於平凡」；「格調，來自於修養」；「人生，因朋友而豐富」；「大師給答案——絕不簡單」；「活出生命的境界」。這些標題確實生動，使人想要先睹為快，如果因此而讓更多年輕朋友接近孔子，那真是一件美好的事。

目錄

第二部 格調，來自於修養

第四部 大師給答案——絕不簡單！

3 價值判斷——怎麼看優劣、對錯？

4 孝順之難

第五部　活出生命的境界

1 信仰與生死

2 讓自己不虛此生

第一部

偉大，來自於平凡

1 他們眼中，孔子的形象

2 走進歷史，看他的人生

1 他們眼中，孔子的形象

他的風采——自信、從容而謙遜

孔子是春秋時代的人，當時各國諸侯互相爭戰，他在周遊列國時，也曾歷經艱難險阻。那麼，他平日的生活狀況如何呢？《論語》有一段資料說：「孔子平日閒暇時，態度安穩，神情舒緩。」

這是充滿自信、心胸開闊的人而有的表現。天下雖然大亂，但是他內心自有一股安定的力量。孔子是個博學多能，並且從政當過大夫（相當於今天的部長級官員）的人，那麼他在

原文

子之燕居，申申如也，夭夭如也。

《論語．述而篇》

鄉里間與親友、鄰人相處時，有什麼特別的地方呢？我們讀到很簡單的一句話：「與鄉里的人一起聚會飲酒，要等年長的人都離席了，孔子才走出去。」

古代有同鄉人一起飲酒的禮儀，稱為「鄉飲酒」，這時大家之間的排序，就要敬老尊賢了。談起人間秩序，必須三者並重，就是：在朝廷上，處理政府公務時，要以「爵位」為序；在日常生活中，大家聚會或飲食時，要以「年齡」為序；在文化事務與正式慶典上，則以「德行」為序，這三者有如三足鼎立，整個社會才能穩定發展。如果大家在任何地方都只考量「爵位」（官位等級），就變成「泛政治主義」，那麼試問如何對待年長者與德行卓越的人呢？我們又如何鼓勵年輕人珍惜生命及修養品德呢？

原文

鄉人飲酒，杖者出，斯出矣。

《論語・鄉黨篇》

孔子在鄉里中，是一位知名人士，在各方面都有傑出成就，並且聚集了許多學生在身邊。但是，他一點也沒有自滿或自大的表現，反而處處遵守禮節，並且以發自內心的真誠來實踐。

他在生活及工作上的言談，還有一段更完整的資料，就是：「孔子在鄉里之間，溫和而恭順的樣子，像是不大會說話的人。他在宗廟裡，朝廷上，說話明白流暢，但是很有分寸。」

在鄉里之間，所接觸的是親戚朋友以及平凡百姓，這時孔子顯得溫和友善，連說話也隨俗從眾，既不用注意修辭技巧，也不必考慮理論是否周延。在鄉親眼中，孔子像是熱誠的鄰居，在口才方面並無過人之處。然而，一旦到了公開場合，孔

原文

孔子於鄉黨，恂恂(ㄒㄩㄣˊ)如也，似不能言者。其在宗廟朝廷，便便(ㄆㄧㄢˊ)言，唯謹爾。

《論語・鄉黨篇》

子具有特定的身分與職責時，他說起話來就明白流暢，沒有任何含糊的地方。

像孔子這樣的人，在生活及工作上，都能從容應對，恰到好處，並不是偶然的。除了學問與能力之外，還須有一顆善體人意的心以及樂天知命的情懷。

他的為人——感情豐富、表達自然

孔子是感情豐富而能以禮制來調節的人。《論語》有一段資料，短短幾句話就記錄了孔子的五種神色。

一、「孔子看見穿孝服的人，雖是平日熟識的，也一定改變態度。」這是為了表示對喪家的尊重，就是再怎麼熟識的朋

友，也要以謹慎莊嚴的態度來面對。

二、「看見戴禮帽的人以及盲者，雖然常常碰面，也一定顯出關切的神色。」戴禮帽的必有特殊事由，盲者則是需要幫助的弱勢族群，孔子自然會表示關切。

三、「坐在車上時，看見穿喪服的，即使是販夫走卒，他也傾身向前，手扶橫木，以示心意。」這是對家中辦喪事的人表達慰問與關心。

四、「作客時，有特別豐盛的菜肴，一定端正神色，站起來向主人致意。」主人盛情款待，作客的孔子也會領情，而不會視為理所當然。

五、「遇到疾雷狂風，一定改變態度。」遇到這種情況，必須提高警覺，以預防可能發生的自然災害；而另一

原文

見齊（ㄗ）衰（ㄘㄨㄟ）者，雖狎必變。見冕者與瞽者，雖褻必以貌。凶服者式之，式負版者。有盛饌，必變色而作。迅雷風烈必變。

《論語．鄉黨篇》

注釋

狎：親切熟悉。

變：改變態度。

褻：親近的、熟識的。

式：本是車前的橫木，後來變成動詞，即扳著扶手站起來表示敬意。

負版者：指販夫走卒。

方面，也須考量是否上天在警告人們謹守分寸。

由上述記載看來，孔子是一位情感真摯，並且表現得非常適宜的人。

他的行止——動靜合乎時機

一件事情該不該做，或者該如何做，往往要依時機而定。孔子教導學生，特別強調對時機的考量。《論語》中提到一則小故事如下：「人的臉色稍有變化，山雞就飛起來，在空中盤旋之後再聚在一起。孔子說：『山谷中橋梁上的這些母山雞啊，懂得時宜，懂得時宜！』子路向牠們拱拱手，牠們振幾下翅膀又飛走了。」

原文

色斯舉矣，翔而後集。曰：「山梁雌雉，時哉時哉！」子路共之，三嗅而作。

《論語・鄉黨篇》

歐洲城市有一些廣場，經常聚集數百隻鴿子，在遊客腳邊啄食，好像無所畏懼，但是，如果有人想抓這些鴿子時，又往往無法得手。這種情況近似山雞的表現，就是一旦察覺「人的臉色稍有變化」，立即拍翅飛走；等到發覺沒有危險，再從容飛回原處。

孔子看了這一幕，就聯想到對時機的判斷太重要了，認為這些山雞「懂得時宜！」對山雞來說，主要的考慮是安危，這是生物的本能反應。對人類而言，除了安危之外，還有人際相處的各種狀況，如果動靜都能合乎時機，自然不會引來責難與批評，並且還將得心應手，收到事半功倍的效果。從某些動物的行為模式，孔子也可以印證做人處事的道理，難怪他的教學會深受學生的歡迎了。

他的作風——光明磊落不隱瞞

孔子說：「君子心胸光明開朗，小人經常愁眉苦臉。」有沒有這樣的君子呢？有的，就是孔子本人。

孔子說：「你們幾位學生以為我有所隱藏嗎？我對你們沒有任何隱藏。我的一切作為都呈現在你們眼前，那就是我的作風啊！」

這番話的背景，可能是某些學生覺得孔子的修養太卓越了，或許有什麼獨門祕笈尚未公開教導。事實上，再怎麼高明的老師，也無法對學生像「點石成金」一般，在短期內使他們脫胎換骨。在人生修養方面，除了自己腳踏實地努力上進之外，沒有其他捷徑。

原文

子曰：「君子坦蕩蕩，小人長戚戚。」

《論語．述而篇》

原文

子曰：「二三子以我為隱乎？吾無隱乎爾。吾無行而不與二三子者，是丘也。」

《論語．述而篇》

孔子教學時，毫無保留地發表自己的心得，他日常生活中的行為也是內外如一、表裡一致的，不曾想過要隱藏什麼或圖謀什麼。西諺有云：「誠實是最好的策略。」因為一個謊言需要另一個謊言來遮蓋，然後一環接著一環，最後必定被人識破。

孔子的真誠態度並非出於策略考量，而是他作為一個人的自我要求。這種要求是最基本的，也是最持久的，是一個人的尊嚴所在，也將帶來內心的喜悅與快樂。學生所需要的不是祕笈，而是力行實踐。

孔子自評——忘食、忘憂、忘老

葉公問子路有關孔子的為人，子路沒有回答。

孔子聽說了這件事，就對子路說：「你為什麼不這樣說：『他這個人，發憤用功就忘記了吃飯，內心快樂就忘記了煩惱，連自己快要衰老了都不知道，如此而已。』」

由此可知，孔子有「三忘」，就是忘食、忘憂、忘老。而這三點正是一般人最難做到的。

每天三餐怎能忘記呢？孔子發憤用功時，專心學習及思考，就像科學家那麼專注，根本想不起自己吃了飯沒有，等到研究告一段落，他才會考慮飲食問題。

其次，人生怎能沒有煩惱？連最單純的學生都有考試及

原文

葉公問孔子於子路，子路不對。子曰：「女奚不曰：『其為人也，發憤忘食，樂以忘憂，不知老之將至云爾。』」

《論語．述而篇》

升學的壓力，何況是成年人？但是孔子內心經常充滿喜悅，因為他知道自己走在人生正途上，向著既定目標前進。

然後，孔子把握每一天的時光，在學識與德行方面與日俱進，而很少想到自己今年幾歲，或者是否到了該退休的年紀。只要每天都過得很充實，又何必在意年齡？

我們無法選擇生在什麼時代與什麼社會，但是可以把握自己的人生目標，建立正確的價值觀，讓自己從一個平凡人走向君子理想，再追求止於至善。孔子的三忘，提供了最好的典範。

顏回說：老師的學問不被採用，是當權者的恥辱

孔子與弟子顏回之間，有著深刻的默契。孔子不但認為顏

回達到「好學」的標準，與自己不相上下，同時也肯定他可以與自己一樣，在政治上表現獨特的作風。他對顏回說：「有人任用，就發揮抱負；沒人任用，就安靜修行；只有我與你可以做到吧！」

不過，顏回絲毫不曾自滿，他對老師的感念與推崇，更是發自內心的真情。他讚嘆一聲，說：「越抬頭看，越覺得崇高；越深入學，越難以透徹；看起來是在前面，忽然又到後面去了。老師很能循序漸進地帶領學生；他以文獻知識廣博我的見解，又以禮制規範約束我的行為，使我想停下來都不可能。我盡了全力之後，好像學會了立身處世的本領。但是，當我想要再進一步追隨老師，卻又找不到路可以走了。」

原文

子謂顏淵曰：「用之則行，舍之則藏，惟我與爾有是夫。」

《論語・述而篇》

注釋

顏回：字子淵，又稱顏淵。

原文

顏淵喟然嘆曰：「仰之彌高，鑽之彌堅，瞻之在前，忽焉在後。夫子循循然善誘人，博我以文，約我以禮，欲罷不能。既竭吾才，如有所立卓爾。雖欲從之，末由也已。」

《論語・子罕篇》

這段話可以代表許多學生的心聲。

顏回很能體會老師的心情。在周遊列國的受困期間，同學們有的抱怨，有的喊冤，顏回則認為：老師的理想遠大，而不能受到重用，那是各國國君的問題。不被重用，有什麼關係？這樣正好看出老師是一位君子啊！

顏回說：「老師的學說極其宏大，所以天下沒有國家能夠容納。老師推廣而實行它，即使不被容納，有什麼好怕的？正是不被容納，才現出君子本色！老師的學說不修明，這是我們的恥辱。老師的學說如此宏大美好而不被採用，這是當權者的恥辱。即使不被容納，有什麼好怕的？不被容納，才現出君子本色！」

孔子高興地笑道：「有道理啊，顏家的孩子，假使你

原文

顏回曰：「夫子之道至大，故天下莫能容。雖然夫子推而行之，不容何病？不容然後見君子。夫道之不修也，是吾醜也。夫道既已大，修而不用，是有國者之醜也。不容何病？不容然後見君子。」

孔子欣然而笑曰：「有是哉！顏氏之子，使爾多財，吾為爾宰。」

《史記．孔子世家》

將來發了財，我來替你當管家。」

師生相知相惜之情，溢於言表。孔子身為老師，我們可以想像他是快樂而充滿希望的。

大宰問：他是聖人嗎？

大宰向子貢詢問：「孔先生是一位聖人吧？他竟有這麼多才幹呢？」子貢說：「這是天要讓他成為聖人，並且具有多方面的才幹。」

孔子聽到這段話時，就說：「大宰了解我啊！我年輕時貧困卑微，所以學會了一些瑣碎的技藝。做一個君子，需要具備這麼多才幹嗎？我想不需要的。」

原文

大宰問於子貢曰：「夫子聖者與？何其多能也？」子貢曰：「固天縱之將聖，又多能也。」

子聞之，曰：「大宰知我乎！吾少也賤，故多能鄙事。君子多乎哉？不多也。」

《論語．子罕篇》

學校所教導的，大都是理論與理想，如果想要實踐及印證，就須學生在生活中多加用心。孔子曾說：「「三人行，必有我師焉」，任何人都有優點與缺點，我們的朋友也不例外。因此，聰明的學生一定時常保持警覺，看到別人的優點就效法，看到別人的缺點就提醒自己要避開。為什麼有的人在成長路上突飛猛進，年紀輕輕就在言行上有不凡的表現？而另一些人則故步自封，即使年歲老去也沒有什麼增長？原因正在於此。

孔子顯然做到了他自己所期許的。在他過世之後，衛國的公孫朝請教子貢：「孔仲尼在何處學習過？」子貢說：「周文王與武王的教化成就並沒有完全失傳，而是散落在人間；才德卓越的人把握住重要的部分，才德平凡的

原文

衛公孫朝（ㄔㄠˊ）問於子貢曰：「仲尼焉學？」子貢曰：「文武之道，未墜於地，在人。賢者識其大者，不賢者識其小者。莫不有文武之道焉。夫子焉不學？而亦何常師之有？」

《論語．子張篇》

人把握住末節的部分。沒有地方看不到文王與武王的教化成就啊。我的老師在何處不曾學習過？他又何必要有固定的老師呢？」

我們現在常說：大自然是一本書，世界是一間教室。社會上的每個人都是同學，都可以互相切磋、彼此請益。關鍵在於：自己是否有心，想要不斷革新？我們交友時，除了考慮志趣與理想之外，還要相互期許努力學習，一起創造更美好的人生。

隱者說：他知道渡口在哪裡

遭逢亂世，有些人隱居山林。在這些隱者心目中，孔子顯然太執著了。《論語》有一段資料，生動地展現雙方的不同觀點，我們可以由之體認孔子的入世情懷。

長沮與桀溺兩個隱者一起在耕田，孔子經過那兒，吩咐子路去向他們詢問渡口的位置。

長沮反問子路：「那位手拉韁繩的人是誰？」子路說：「是孔丘。」長沮說：「是魯國的孔丘嗎？」子路說：「是的。」長沮就說：「他早就知道渡口在哪裡了。」

子路又去問桀溺。桀溺反問他：「您是誰？」子路說：「我是仲由。」桀溺說：「是魯國孔丘的門徒嗎？」子路說：「是的。」桀溺就說：「像大水氾濫

原文

長沮(ㄐㄩˇ)、桀溺(ㄋㄧˋ)耦(ㄡˇ)而耕，孔子過之，使子路問津焉。

長沮曰：「夫執輿者為誰？」子路曰：「為孔丘。」曰：「是魯孔丘與？」曰：「是也」曰：「是知津矣。」問於桀溺。桀溺曰：「子為誰？」曰：「為仲由。」曰：「是魯孔丘之徒與？」對曰：「然。」曰：「滔滔者天下皆是也，而誰以易之？且而與其從辟人之士也，豈若從辟世之

的情況，到處都是一樣，你要同誰去改變呢？你與其追隨逃避壞人的人，何不跟著逃避社會的人呢？」他說完話，繼續不停地覆平田土。

子路回來報告孔子這一切。孔子神情悵然地說：「我們沒有辦法與飛禽走獸一起生活，如果不同人群相處又要同誰相處呢？天下政治若是上軌道，我就不會帶著你們去從事改革了。」

從這兩位隱者的話，長沮說孔子「是知津矣」，代表他對孔子的肯定，知道要何去何從，只是過於堅持自己的信念罷了。至於桀溺，卻想「誘拐」子路，希望子路變節，追隨他們。因孔子是逃避壞人，而他

士哉？」耰（ㄧㄡ）而不輟。

子路行以告。夫子憮（ㄨˇ）然曰：「鳥獸不可與同群，吾非斯人之徒與而誰與？天下有道，丘不與易也。」

《論語．微子篇》

注釋

耦：是指兩個人一起耕田。

津：即渡口。

辟人之士：在亂世時，離開無道君主的人。

辟世之士：避開亂世的隱士。

耰：用土覆蓋種子。

們是逃避壞的社會。同樣是逃避，他們比孔子更澈底。

孔子認為，人的生命從出生、成長，到衰老、死亡，都不能脫離群體。樂則同樂，苦則同苦。自己若有能力，就多為人們盡一份心意。孔子是絕不會選擇隱居的。

有人問：您為何不從政呢？

現在是多元化的社會，各行各業人才輩出，可謂「行行出狀元」。不過，在孔子的時代，念書人的主要出路只有一條，就是從政做官，以自己的專業知識來為百姓服務。因此，當孔子以其高深學識而受人敬重時，大家都認為他應該會參與政治活動。

有人對孔子說：「您為什麼不參與政治呢？」孔子說：「《書經》上說：『最重要的是孝順父母，友愛兄弟，再推廣到政治上去。』這就是參與政治了，不然，如何才算參與政治呢？」

政治的目的，是使整個社會安定和諧，那麼，最有效的辦法是什麼？是每一個家庭都能做到孝順與友愛，然後整體的秩序也隨之上軌道。不然的話，每個家庭製造一些問題，子女未能孝順父母，兄弟姊妹爭吵不休，人人帶著憂愁或怨恨的情緒。試問，光靠少數政治領袖又怎麼能夠力挽狂瀾呢？

從政要看機會，不是誰有學問誰就可以做官，但是，孝順與友愛則是每個人在家庭中就可以開始實踐的。事實上，即使

原文

或謂孔子曰：「子奚不為政？」子曰：「《書》云：『孝乎惟孝，友于兄弟，施於有政。』是亦為政，奚其為為政？」

《論語．為政篇》

社會秩序不夠理想，我們也應該在家庭中和睦相處，珍惜親人的情誼，並且自得其樂。

五穀不分，不如隱居鄉野？

一個人在社會上，不能忽略自己對群體的責任。在古代，讀書人的出路主要是從政；在今日，則是在各自的行業裡面盡忠職守。《論語》有一段資料可供參考。

子路跟隨著孔子，卻遠遠落在後面。他遇到一位老人家，用木棍挑著除草的工具。

子路請教他：「您看到我的老師嗎？」老人家說：

原文

子路從而後，遇丈人，以杖荷蓧。

子路問曰：「子見夫子乎？」丈人曰：「四體不勤，五穀不分，孰為夫子？」植其杖而芸。

子路拱而立。止子路宿，殺雞為黍而食

「你這個人，四肢不勞動，五穀也分不清，我怎麼知道你的老師是誰？」說完就放下木棍去除草。

子路拱著手站在一邊。稍後，他留子路到家裡過夜，殺雞做飯給子路吃，又教兩個兒子出來相見。

第二天，子路趕上了孔子，報告這一切經過，孔子說：「這是一位隱居的人。」接著吩咐子路回去看看他。子路到了那兒，老人家卻出門了。

子路說：「不從政是不應該的。長幼間的禮節都不能廢棄，君臣間的道義又怎麼能廢棄呢？原本想要潔身自愛，結果卻敗壞了更大的倫常關係。君子出來從政，是作道義上該作的事。至於政治理想無法實現，則是我們早已知道的啊！」

之，見其二子焉。

明日，子路行以告。子曰：「隱者也。」使子路反見之，至，則行矣。

子路曰：「不仕無義，長幼之節不可廢也，君臣之義，如之何其廢之？欲潔其身而亂大倫。君子之仕也，行其義也。道之不行，已知之矣。」

《論語．微子篇》

注釋

蓧：古時用來除草的農具。以竹或草本的枝條編成。

子路這段話是孔子所教導的。長幼間與君臣間相比，長幼間顯然是小範圍，君臣間是大範圍。孔子認為老人家是一位隱居者，他曾讓二子與子路相見，表示仍然重視長幼之節，也還注意到人與人相處的適當關係。既然如此，君臣間的道義又怎麼能廢棄呢？因此對孔子而言，即使隱居可以暫時避開人間煩惱，但仍會一貫地堅持他的社會責任。

子貢問：願找個識貨的商人嗎？

一個人在長期學習之後，具備專業的知識與能力，自然想要在社會上一展長才，為民服務。孔子也不例外，但是主觀的願望需要客觀的條件配合，若是時機未到，只能繼續等

待。

孔子在等待期間，繼續修德講學，安於平凡而平靜的生活。學生子貢擔心老師忘記了為民服務的心願，就婉轉使用比喻來請教。

子貢說：「假設這裡有一塊美玉，那麼把它放在櫃子裡藏起來呢？還是找一位識貨的商人賣掉它呢？」孔子說：「賣掉吧，賣掉吧，我是在等待好商人呢。」

子貢不愧是言語科的高材生，善於用比喻來談話。孔子一聽就知道他的用意，所以在回答時，直接表明自己不是不願從政，而是在等待有眼光的政治領袖。由此可知，像孔子這樣的人，也可能懷才不遇。

原文

子貢曰：「有美玉於斯，韞（ㄩㄣˋ）櫝（ㄉㄨˊ）而藏諸，求善賈（ㄍㄨˇ）而沽諸？」子曰：「沽之哉，沽之哉，我待賈者也。」

《論語．子罕篇》

注釋

韞櫝：韞，收藏。櫝，匣子。韞櫝比喻懷才不遇。

善賈：指好商人或識貨的商人。

我們如果遇到類似的處境，首先要繼續進修。使自己成為一塊更有價值的「美玉」，同時不可失去信心，並且尋找合適的機會主動出擊，讓別人發現我們的專長。今天是多元化的社會，有許多自行創業的機會，別人不給我們機會，我們可以自行開創一片天空。

孔子說：沒有人了解我啊！

自古以來，許多有學問又有抱負的人，常會覺得自己懷才不遇。這時是要抱怨天下沒有正義，還是要繼續努力進德修業，或者按照既定計畫奉行天賦使命？如果以孔子為例，可以獲得什麼啟示？

孔子說：「沒有人了解我啊！」子貢說：「為什麼沒有人了解老師呢？」

孔子說：「不怨恨天，不責怪人，廣泛學習世間的知識，進而領悟深奧的道理，了解我的，大概只有天吧！」

首先，孔子這番話不是在抱怨，因為他清楚表示自己是「不怨天，不尤人」。並且，他曾經說過：「別人不了解你，而你並不生氣，不也是君子的風度嗎？」連生氣都談不上，又怎麼會怨尤呢？他的感嘆其實是深深覺得遺憾。他的學識、德行、能力都是一時之選，在從政時也有傑出的表現，但是當權的國君與卿大夫卻無法充分信賴

原文

子曰：「莫我知也夫！」子貢曰：「何為其莫知子也？」

子曰：「不怨天，不尤人，下學而上達，知我者，其天乎！」

《論語．憲問篇》

他。原因之一是孔子希望從上層帶動改革的風氣。但是，這又談何容易？當權的人又怎能了解他的苦心？

幸好，孔子相信自己具有天賦使命，認為至少天會了解他的所作所為。肯定了這一點，心情自然平和寧靜，無法爭一時，不妨爭千秋吧！

荷蕢者說：沒人了解，就放棄吧！

孔子留居衛國時，某日正在擊磬，有一個挑著草筐的人從門前經過，說：「磬聲裡面含有深意啊！」

停了一下，又說：「聲音硜硜的，太執著了！沒有人了解自己，就放棄算了。所謂『水深的話，穿著衣裳走過去；

原文

子擊磬於衛，有荷蕢而過孔氏之門者，曰：「有心哉，擊磬乎！」

既而曰：「鄙哉，硜硜乎？莫己知者，斯已而已矣。『深則厲，淺則揭。』」

水淺的話，撩起衣裳走過去。』」
孔子說：「有這種堅決棄世之心，就沒有什麼困難了。」

這位挑草筐的人實在是孔子的知音啊！他從孔子擊磬的樂聲中，聽出孔子心懷理想而有志難伸。孔子一生的際遇確實不順，那麼，怎麼辦呢？這位隱士的建議是：立刻下定決心，不必再猶豫了。要投入政治，就不能保持身段或自命清高；若是珍惜節操，不如就退隱山林算了。

世間之事很難用二分法來作為取捨的考量。孔子若是只顧自己活得安逸，就不必周遊列國，奔走呼號了；他關心天下百姓，但是並不表示要與當時的政治領袖同流合汙。他知

子曰：「果哉！末之難矣。」

《論語・憲問篇》

道理想不可能在短期內實現，於是認真教育學生，形成一股思潮與一個學派，亦即後來的「儒家」。

孔子在擊磬時，抒發內心的願望與憂慮，「荷蕢者」聽出了他的心聲，但是卻不知道他在擊磬之後，將會收拾行囊，繼續帶領弟子奔走於路途上，朝著既定的目標前進。

死亡威脅時，交付上天決定

孔子周遊列國期間，兩度陷入危難之中，甚至面臨殺身之禍，這時他毫不猶豫地表白他的信仰，就是把一切歸之於天。

孔子經過宋國時，宋國將軍桓魋因為曾被他批評而懷

恨於心，想要加害於他。孔子說：「天是我這一生德行的來源，桓魋又能對我怎麼樣呢？」孔子深信自己秉承天命，進德修業，所言所行無不光明坦蕩，實在沒有必要擔心生命的安全。稍後孔子還是離開了宋國，桓魋竟把孔子講學時遮蔭的大樹給砍掉，以示洩憤。這真是一個粗暴的莽夫。

另外一次，孔子一行人到匡城。當地百姓曾遭魯國的陽貨（即陽虎）所欺凌，一直想找機會報復，而替孔子駕車的學生由於曾為陽貨駕車，匡城群眾誤以為孔子是陽貨，就將他與學生們團團包圍。孔子說：「周文王死了以後，文化傳統不都在我這裡嗎？天如果要廢棄這種文化，後代的人就不會有機會學習這種文化，天如果還不要廢棄這種文化，那麼匡人又能對我怎麼樣呢？」匡人後來發現是誤會，就自動解

原文

子曰：「天生德於予，桓魋（ㄊㄨㄟˊ）其如予何？」

《論語．述而篇》

原文

子畏於匡，曰：「文王既沒（ㄇㄛˋ），文不在茲乎？天之將喪斯文也，後死者不得與於斯文也；天之未喪斯文也，匡人其如予何？」

《論語．子罕篇》

散了。

讀到這樣的資料，我們自然明白孔子的天賦使命是傳承文化，並且他把自己的生死都交託在天的手中，由天來決定。他所能做的只是知天命、畏天命、順天命，進而則要樂天命。人生自古誰無死？若是奉行天命而犧牲自己，又有什麼遺憾呢？

守城者評：知其不可而為之

子路在石門過了一夜。第二天清早入城，守門者問：「從哪裡來的？」子路說：「從孔家來的。」守門者說：「就是那位知道行不通還一定要去做的

原文

子路宿於石門。晨門曰：「奚自？」子路曰：「自孔氏。」曰：「是知其不可而為之者與？」

《論語・憲問篇》

人嗎？」

孔子自述生平的成長階段時，從五十歲以後的體驗就不易讓人理解了。這是因為其中涉及了信仰的因素。

他說：「我十五歲時，立志於學習；三十歲時，可以立身處世；四十歲時，可以免於迷惑；五十歲時，可以領悟天命；六十歲時，可以順從天命；七十歲時，可以隨心所欲都不越出規矩。」

配合孔子的言行來研究，可以知道他所謂的「天命」有三點內容：一，從事政教活動，使天下回歸正道；二，努力擇善固執，使自己走向至善；三，了解命運無奈，只能盡力而為。知天命之後，就要畏天命，於

原文

子曰：「吾十有五而志於學，三十而立，四十而不惑，五十而知天命，六十而（耳）順，七十而從心所欲不踰矩。」（有關「耳順」的討論，請參考《人能弘道：傅佩榮談論語》，二〇一八年，天下文化）

《論語．為政篇》

是他的行為顯示了「知其不可而為之」的使命感。

孔子說：「要成為君子，必須敬畏以下三者：敬畏天賦使命，敬畏政治領袖，敬畏聖人的言論。至於小人，不了解天賦使命而不敬畏，奉承討好政治領袖，輕慢侮辱聖人的言論。」

孔子對於天命，在了解與敬畏之後，自然努力奉行了，所以他的從政做官與周遊列國，都是五十到七十歲之間的事。由於順天命而行，最後才可以「從心所欲不踰矩」，這也是信仰的極致表現了。

原文

子曰：「君子有三畏：畏天命，畏大人，畏聖人之言。小人不知天命而不畏也，狎大人，侮聖人之言。」

《論語・季氏篇》

封疆官員說：天將以夫子為木鐸！

孔子五十歲時所領悟的天命，究竟有何具體內容？我們從他的生平事蹟可以看出一些端倪。孔子五十一歲時正式出來從政，先是擔任中都宰（縣長）；一年之後，因為政績優異而升任小司空（建築部門副長官）；不久又升任司寇（治安部門長官）；然後再攝行相事（代理相國）。他五十六歲時，魯定公無心治國，對他也不再禮遇，於是他帶著弟子周遊列國，前後在外奔波十三年。

他們有一次經過衛國西北角的邊境儀城時，守城的封疆官員請求與孔子相見，說：「有名望的君子來到這裡，我從來沒有不與他相見的。」

原文

儀封人請見，曰：「君子之至於斯也，吾未嘗不得見也。」從者見之。出，曰：「二三子何患於喪乎？天下之無道也久矣，天將以夫子為木鐸。」

《論語．八佾篇》

注釋

封人：即封疆守官。

從者見之：從者，孔子隨行的弟子。見之，引導謁見孔子。

隨行的學生替他安排了會面，他出來之後，說：「你們這些人為什麼擔心失去官位呢？天下沒有正道已經夠久了，天將會以你們的老師作為教化百姓的木鐸。」

儀城的封疆官員是個見多識廣的人，他在與孔子晤談之後，立即清楚肯定孔子確實獲得天賦使命，就是要擔任教化百姓的木鐸。木鐸是金口木舌（銅鈴以木為其舌），所敲的聲音溫和宏亮，是古代提醒百姓修德行善的教化方法。這位官員「旁觀者清」，竟然比孔子的學生都更清楚孔子的天命。我們也有必要仔細思考他所說的這句話。

子貢說：他是高牆裡的宏偉宗廟

要想了解孔子，並不是容易的事。子貢開始時，也作了錯誤的判斷。

孔子說：「子貢，你以為我是廣泛學習並且記住各種知識的人嗎？」

子貢回答說：「是啊，難道不是這樣嗎？」

孔子說：「不是的，我用一個中心思想來貫穿所有的知識。」

暫且不談孔子的中心思想是什麼，子貢對孔子的做人風格，作了深入的觀察。

原文

子曰：「賜也，女以予為多學而識之者與？」對曰：「然，非與？」曰：「非也，予一以貫之。」

《論語．衛靈公篇》

注釋

子貢：端木賜，字子貢，小孔子三十一歲，與顏回、子路同為孔子最親近的弟子。才思敏捷，辯才無礙是子貢鮮明的形象。

有一次，一位同學子禽請教子貢說：「老師每到一個國家，一定會聽到該國政治的詳細資料；這是他自己去找的，還是別人主動給他的？」

子貢說：「老師為人溫和、善良、恭敬、自制、謙退，靠著這樣才得到的機會；老師獲得的方法與別人獲得的方法，還是大不相同的。」

孔子死後，子貢在魯國當過大官。有些人奉承他，魯國大夫叔孫武叔甚至在朝廷上說子貢比孔子更了不起。子貢的回答是：「以房屋的圍牆作比喻吧。我家的圍牆只有肩膀那麼高，別人可以看到室內擺設的美好狀況；老師家的圍牆卻有幾丈高，如果找不到大門進去，就看不到

原文

子禽問於子貢曰：「夫子至於是邦也，必聞其政；求之與？抑與之與？」

子貢曰：「夫子溫、良、恭、儉、讓以得之；夫子之求之也，其諸異乎人之求之與！」

《論語．學而篇》

原文

子貢曰：「譬之宮牆，賜之牆也及肩，窺見室家

裡面宗廟的宏偉壯觀與連綿房舍的多彩多姿。能夠找到大門的人或許很少吧。叔孫先生這種說法，不是正好印證了嗎？」

我們今天學習孔子思想，不能只看幾句簡單的教訓，還應該找到大門，像子貢一樣亦步亦趨，認真研究，才能領悟及欣賞孔子思想的高明內容。

之好。夫子之牆數仞，不得其門而入，不見宗廟之美，百官之富，得其門者或寡矣。夫子之云，不亦宜乎！」

《論語．子張篇》

2 走進歷史，看他的人生

三歲喪父，艱苦的幼年

孔子的生平，約在西元前五五一年至四七九年，正當春秋時代的末期。翻開古代中國的歷史，三皇五帝之後，是夏、商、周三代；周代又分西周與東周。東周時，天子勢力大衰，諸侯爭雄稱霸，形成紛亂動盪的局面，是為春秋時代與戰國時代，最後則由秦始皇以武力統一中國。

孔子的祖先，是商代後裔的宋國貴族，後來漸趨沒落，遷徙到了魯國。他的父親叔梁紇在魯國擔任地方官，負責治理陬

邑。傳說中，叔梁紇六十多歲時結識了孔子的母親顏徵在，在此之前他已育有九女一子。顏徵在曾去尼丘（山名，在山東省曲阜縣）祈子，後來產下孔子。由於孔子的出生與尼丘有關，並且排行第二，所以取名為丘，字仲尼。

不幸的是，孔子三歲時，父親過世。母親帶著他遷居到娘家，就是魯國都城曲阜的平民區，在那兒將他撫養成人。寡母孤兒必須自食其力，生活艱苦是難以想像的。孔子的幼年生活，無異於鄉下農村的孩子，大多數時間都必須從事勞動，幫助母親種菜、種田、照顧牲口，以及各種瑣碎的家務。

環境的困厄，並未阻礙他上進的意志，反而使他積極地把握一切學習的機會，培養自己成為一個有用的人才，進而對社會與國家有所貢獻。

童年遊戲與基礎教育

在孔子的時代，每當農曆冬至時，魯國會在曲阜南門外的沂水邊，舉行郊祭大典。這是祭祀天地的隆重禮節，官員們都穿上正式的朝服，在贊禮官的安排下，莊嚴肅穆地進行。年幼的孔子擠在人群中，看到這一幕，不禁悠然神往。

從此之後，孔子最喜愛的遊戲，就是把祭祀用的俎、豆等禮器擺列出來，安排別的孩子隨著他的口令，行禮如儀。這時他還沒有上學，已經顯示對禮儀的興趣。後來他經過長期的努力，成為大家口中「知禮」的人。

孔子進入周公廟，對每一項禮器與擺設都要發問。有人

原文

孔子為兒嬉戲，常陳俎（ㄗㄨˇ）豆，設禮容。

《史記．孔子世家》

說：「誰說這一位陬邑的年輕人懂得禮呢？他在周公廟裡什麼都要發問。」

孔子聽到這種批評，就說：「問清楚行禮的細節，這就是禮啊！」

當時的鄉村教育，在每年農曆十月秋收以後舉辦，由當地父老負責教育未成年的子弟。教育的內容是五經與六藝。「經」代表經典知識，「藝」代表專門技能。具備這兩方面的本事，就有資格成為「士」。換言之，士是能知能行，文武合一的，也是社會上的人才。

五經是指：《詩》、《書》、《禮》、《樂》、《易》。《詩》是文學，《書》是歷史，《禮》是社會規

原文

子入大廟，每事問。或曰：「孰謂陬人之子知禮乎？入大廟每事問。」子聞之曰：「是禮也。」

《論語・八佾篇》

注釋

大廟：即魯國的周公廟。周公廟可以有天子所有的擺設，祭祀時基本的禮儀都與天子一樣，所以很特別。

事：指所看到的一切，包括禮器與擺設。

範，《樂》是音樂藝術，《易》是哲學。六藝是指：禮、樂、射、御、書、數。禮與樂這兩者，除了有經典的理論部分，還有實際操作的技能部分，可以說是最難學會的。射是射箭，御是駕車，書是古代造字及用字方法，數是計算方法。

鄉校的學習到十五歲為止，他由此得知夏、商、周三代的歷史，魯國是由周公的兒子伯禽所傳，以及齊國、衛國、宋國、陳國、蔡國、晉國等各自的淵源。在軍事訓練方面，他學會了騎馬、射箭、駕車，以及基本的使刀弄槍、進攻防禦的技巧。

孔子的學習態度是積極而主動的。能夠以自修與練習學會的，就全靠自己；必須請教老師的，則表現最高的誠意與

尊敬，虛心受教。他以「好學」而廣為人知，難怪有達巷地區的人說：「偉大啊！孔子這個人，學問真是廣博，沒有辦法說他是哪一方面的專家。」

當時的社會，只有貴族子弟在十五歲以後可以進大學，學習專門而高深的知識，準備將來從政做官。孔子沒有這樣的機會，但是他不但不氣餒，反而立志求學，突破時代的限制。

孔子成年後，身體健壯而魁武，身高一九二公分，有「長人」之稱。他曾談到自己的射箭與駕車，認為在駕車上更能使人印象深刻。事實上，孔子的學習不但溫故知新，而且精益求精，在經典與技能方面都有傑出成績，所以很快就

原文

達巷黨人曰：「大哉孔子！博學而無所成名。」

《論語・子罕篇》

有學生上門求教。他也因此展開了平民教育的大業。

音樂老師——師襄

孔子十五歲時，立定學習的志向。以音樂來說，光知道理論是不夠的，還須請教老師演奏的技巧。孔子來到魯國樂官師襄的家中，請求教導。

在師襄的指導下，孔子曾經彈奏一首名曲，一連彈了十天也不更換。師襄建議他換彈別的曲子，他說：「我已經熟悉這首曲子的旋律，但還沒有領悟它的技術。」過了些時，師襄說：「你已經掌握這首曲子的技術，可以進一步學別的曲子了。」孔子說：「我還沒有領悟它的用意。」

原文

孔子學鼓琴師襄子。十日不進，師襄子曰：「可以益矣。」孔子曰：「丘已習其曲矣，未得其數也。」有間，曰：「已習其數，可以益矣。」孔子曰：「丘未得其志也。」

過了些時，師襄再催他，他說：「我還沒有領悟它描寫的人物形象。」又過了一些時候，孔子默然有所思，向高處遠望，說：「我可能領悟到這首曲子所描寫的人物形象了。這個人長得黑黑的，身材高高的，眼睛看著遠方，好像要統一天下。這不是周文王還能是誰呢？」

師襄聽了十分讚佩，特地離開老師的座位，向孔子這個學生拱手行禮，說：「這首曲子就叫作《文王操》，正是周文王所作的啊！」

學習演奏一首曲子，要把握它的旋律、技術、用意，以及它所描寫的人物樣態。難怪後來孔子能以樂曲抒發內心感受，達到怡情養性的最大效果。任何一種學習，只要努力，必有心得，有了心得，就可以樂在其中。

有間，曰：「已習其志，可以益矣。」孔子曰：「丘未得其為人也。」有間，有所穆然深思焉，有所怡然高望而遠志焉。曰：「丘得其為人，黯然而黑，幾然而長，眼如望羊，如王四國，非文王其誰能為此也。」

師襄子辟席再拜，曰：「師蓋云，文王操也。」

《史記．孔子世家》

問禮求學──老子

老子，原名老聃（ㄉㄢ），在周代京都洛陽擔任國家博物館的負責人。孔子在三十歲左右，有機會前往洛陽參訪，最大的收穫就是向老子問禮。

老子飽經世故，智慧過人，在有關禮制的背景故事、執行規則、具體考量等部分，無不詳細回答孔子的詢問。經過多日來往，他深知眼前這位年輕人充滿理想又好學不倦，準備有朝一日可以大展抱負，服務社會。他也明白孔子還有自我提升的空間。

終於，孔子必須告辭，返回魯國了。

老子為他餞行時，用心良苦地說：「我聽說，富貴人家

用錢為人送行，仁德之士用話為人送行。我沒有富貴，只好假借仁德之士的名義，送你幾句話。耳聰目明、深入探察，以致接近死亡威脅的，是那些喜歡評議別人的人。博詞雄辯、無所不談，以致身陷危險處境的，是那些揭發別人惡行的人。做兒子的，不該有這樣的自我；做臣子的，不該有這樣的自我。」

老子所擔心的，是孔子對於世間的一切，太過積極進取，只知發展而不知收斂，結果可能讓自己陷入困境。在評議及揭發別人時，也須思考效果與後果。採取合宜的手段，要配合客觀的形勢，因為許多問題並非一夕可解。這是身處亂世必須學會的道理。

老子是禮儀方面的專家，很清楚禮儀有淪於繁文縟節的

原文

辭去，而老子送之曰：「吾聞富貴者送人以財，仁人者送人以言。吾不能富貴，竊仁人之號，送子以言。曰，聰明深察而近於死者，好議人者也。博辯廣大危其身者，發人之惡者也。為人子者，毋以有己。為人臣者，毋以有己。」

《史記・孔子世家》

危險，甚至使人喪失淳厚樸實的本性。他看到孔子熱中於學習古禮以及古聖先賢的言論，忍不住要加以警惕。

老子對孔子說：「你所說的那些人，連骨頭都化成灰了，只留下一些言論而已。作為一個君子，如果生能逢時，出門可以乘坐馬車；如果生不逢時，就像蓬草隨風飄移。我聽說，高明的商人會把貨物認真屯積起來，好像自己什麼都沒有似的；君子德行卓越，外表顯示出來的，好像自己是個愚蠢的人。你應該消除你身上的驕氣與欲望、裝飾與妄想，因為這些對你都是無益的。我所要告訴你的，就是這些了。」

老子代表道家，從道家所推崇的「順其自然」看來，孔子確實應該反省。但是，人各有志，孔子不忍世間混亂失

原文

老子曰：「子所言者，其人與骨皆已朽矣，獨其言在耳。且君子得其時則駕；不得其時，則蓬累而行。吾聞之，良賈深藏若虛；君子盛德，容貌若愚。去子之驕氣與多欲，態色與淫志，是皆無益於子之身。吾所以告子，若是而已。」

《史記．老子韓非列傳》

序，想要盡力在教育及政治上貢獻個人的心得。這也是一種值得肯定的理想啊！孔子回到魯國後，弟子請教他對老子的印象；他把老子比喻為「龍」，乘著風雲而上天。意思就是：老子注重個人精神上的解脫與逍遙。至於孔子，則願意留在人間與我們一起奮鬥。

在學習過程中，要認清自己的優點與缺點，然後把握正確方向，朝著目標前進。

早期工作經驗：管糧倉、牧場

古代男子二十歲時參加冠禮，代表已經成年，可以成家也必須立業了。孔子就在二十歲時，奉母命與來自宋國的亓ㄑㄧˊ

官氏完婚。當時孔子在魯國是知名的青年學者，開始受到魯君與大夫的注意。他的兒子誕生時，魯君特地派人送來兩條鯉魚祝賀。他就為兒子取名為鯉，字伯魚。那麼，事業方面呢？

為了養家活口，也為了磨鍊才幹，孔子開始擔任公職。他做過的公職有委吏與乘田。委吏負責收繳田賦、管理倉庫。一年之後，他所經手的會計業務不但帳目清楚，並且收益大幅增加。主管的貴族對他十分欣賞，改派他去擔任乘田，負責管理牧場。又是一年下來，牧場上的牛羊騾馬不但肥壯而且多產。再度印證了孔子在做事方面的才能與本事。

當時魯國由國君統治，同時還有三家掌握政治及經

原文

孟子曰：「孔子嘗為委吏矣，曰會計當而已矣。嘗為乘田矣，曰牛羊茁壯長而已矣。」

《孟子．萬章篇下》

濟實力的貴族，就是孟氏、叔氏、季氏。孟氏家族的孟僖子特別欣賞孔子的才學，在臨終時交代兩個兒子一定要去向孔子學禮。

孟僖子說：「禮儀，是做人的根本。沒有禮儀，就不能立身在世上了。我聽說有一個將要得志的人名叫孔丘，是聖人的後代，而他的家族卻在宋國滅亡了。……臧孫紇曾說過：『聖人中具有明德的人，若不能當大任，他的後代必然有顯貴的。』現在恐怕會在孔丘身上吧！我如果能得到善終，一定要囑託兩個兒子孟孫閱和孟孫何忌給夫子，使他們跟從他學禮，穩定他的職位。」

原文

孟僖子曰：「禮，人之幹也，無禮無以立。吾聞將有達者曰孔丘，聖人之後也，而滅於宋。……臧孫紇有言曰：『聖人有明德者，若不當世，其後必有達人。』今其將在孔丘乎！我若獲沒，必屬說（孟孫閱）與何忌（孟孫何忌）於夫子，使事之，而學禮焉，以定其位。」

《左傳．昭公七年》

孔子所教的學生越來越多，其中少數是貴族子弟，大多數是普通平民與農民子弟。他曾經到處向前輩學者請教，現在自己有機會回饋社會，自然樂於從事了。

長期職業：承辦喪葬事務

孔子精通各種禮儀，曾在洛陽跟隨老子為人舉辦喪事。古代的喪禮活動既複雜又考究，從人死到下葬前的禮儀程序就多達五十餘項。幾乎每一個步驟，都得依靠喪祝（主持喪禮的人）的指導與安排。

孔子說：「在外服事有公卿身分的人，回家事奉長輩親人，為人承辦喪事不敢不盡力而為，不因為喝酒而造成任何困

原文

子曰：「出則事公卿，入則事父兄，喪事不敢不勉，不為酒困，何有於我哉？」

《論語．子罕篇》

擾；做到了這些事情，我還有什麼可擔心的？」

喪祝的工作是專業的，也是辛苦的，所以應當獲取合理的報酬。孔子在五十歲正式從政擔任大夫之前，主要的經濟來源，就是喪祝的工作。他在自我反省時，也提及「為人承辦喪事不敢不盡力而為」這一點，正足以證明這是他的日常業務。弟子們也注意到：孔子在家有喪事的人旁邊吃飯時，從來不曾吃飽過。這種真誠體諒喪家的心，大概是孔子身為喪祝的一大特色了。

有些人以為孔子靠教書來謀生，因為他說過：「自行束脩以上，吾未嘗無誨焉。」但是，這句話所謂的「束脩」並非十束肉乾，而是指十五歲的年齡。試想，若是十束肉乾，則孔子

原文

子食於有喪者之側，未嘗飽也。

《論語．述而篇》

有三千弟子，豈非先後收到三萬束肉乾！並且，古人說話用「自……以上」的語句，皆指年齡而言，並無例外。當然，我們不會反對後代與今天的老師要靠學生的學費來維持生活。但是，為說明孔子的實際情況，並且強調他有教無類的宏偉抱負，仍然是有必要的。

化屈辱為力量

孔子成年後的表現，使許多人以為他是天縱英明。事實上，他的幼年遭遇比一般人不幸。三歲喪父，全靠慈愛的母親含辛茹苦撫養他。母親在他二十歲左右，也因病辭世。這中間還有一段挫折的故事。

孔子從十五歲立志求學之後，很快就有了心得。他說：「我不是生來就有知識的，我的知識是愛好古代文化，再勤奮敏捷去學習得來的。」一個「敏」字，道出了自我訓練的祕訣。

在他十七歲時，魯國執政大夫季氏舉行大型宴會，要招待國內的「士」，藉此選拔年輕的人才。當時的士，是貴族階層的最初級，是年輕人嶄露頭角、從事政治活動的第一步。

孔子以為自己的父親既然擔任過陬邑的大夫，自己又懂得不少五經六藝的道理與技能，應該有資格參加大會。想不到他前去參加的時候，被季氏的家臣陽虎攔在門外，用輕蔑的口吻斥責他說：「季氏宴請的是讀書人，可沒敢請你

原文

曰：「我非生而知之者也，好古，敏以求之者也。」

《論語．述而篇》

原文

季氏饗士，孔子與往。陽虎絀（ㄔㄨˋ）曰：「季氏饗士，非敢饗子也。」孔子由是退。

《史記．孔子世家》

注釋

饗：以盛宴款待賓客。

與：參加。

絀：貶退。通「黜」。

敢：表示冒昧。非敢饗子，可沒敢宴請你。

啊！」

這個挫折使他意志更為堅定，相信事在人為，一定要在未來成就一番大事業。十餘年之後，當他三十歲時，已經才學兼備，聲譽廣傳，可以在社會上立足了。早期生活的歷鍊，使他更明白人生的路應該怎麼走，也使他更具有同理心，可以在政治與教育上，提出明確的目標與切實的方案。並且在思想上，開創了承先啟後的儒家哲學。

樹立教育家的典範

孔子飽讀詩書，嫻熟禮樂，二十歲出頭就受聘擔任大夫弟子的家庭教師。三十歲左右，以博學與知禮而贏得鄉親們的信任，大家都樂意把孩子送到他門下學習。古代只有貴族子弟可以上「大學」，學習六藝，就是禮、樂、射、御、書、數。現在，孔子自己精通六藝，就打破門戶之見，從事平民教育，讓老百姓的孩子也能學到高深的知識。

他的招生對象是不分富貴貧賤與氏族國別的，只要是年滿十五歲而有心上進的，他都樂意接受。據說生平共有弟子三千多人，學習有成而留名史籍的有七十多人。許多弟子終身向他學習，也有父子兩代同在門下的，如顏路與顏回，曾點與曾參。學生不必考試，也沒有文憑，但是孔子仍然用心教，弟子仍然認真學。

孔子會針對學生的個別差異，設法因材施教。同時，孔子採取「啟發式」教學法。學生如果不下工夫，先去努力思索，孔子不會輕易開導。他提到事情的一端，學生必須自行推理，想出其餘的部分。他的回答，像扣鐘一樣，「大扣則大鳴，小扣則小鳴」，隨著學生的程度與問題的水準，而有適當的回應，做得恰到好處。他強調學習與思考並重，若只學習而不思考，是沒有用的；只思考而不學習，是胡思亂想，容易誤入歧途。他對許多現實問題並不預設答案，而是讓人從正反兩面去推敲，自己找出該作的選擇。

教書是孔子的興趣，也是他的抱負所在。眼看著學生在知識及能力上不斷成長，陶冶為一代一代的人才，投入社會、服務國家，孔子心中充滿喜悅。教育是人類的希望，孔子所示範的又是完滿的、周全的教育家典型。他自己身體力行，也期許弟子繼志述事，共同為人群貢獻心力。

第二部

格調，來自於修養

1 活出生命的質感

2 心靈安頓的力量

3 說話之道

K.S.YE

1 活出生命的質感

自然流露真摯的情感

在許多人的想像中，孔子表情嚴肅，道貌岸然，一開口就要教訓別人。但是，真正的孔子其實是很有人情味的。孔子說：「說話美妙動聽，表情討好熱絡；這種人是很少有真誠心意的。」

他討厭「巧言令色」，因為這樣的人不夠真誠。那麼，真誠的人會如何呢？

孔子上課時，談到《書經》中令人感嘆的歷史事件，以及

原文

子曰：「巧言令色，鮮矣仁。」

《論語・學而篇》

《詩經》中百姓哀哀無告的描述，不免觸動內心的悲傷情緒，隨之落下淚來。他為別人主持喪禮時，看到喪家哭泣悲號的畫面，於心不忍，不但沒有食欲，有時也會陪著流淚。

學生們看到老師在許多場合都會「哭」，就注意觀察老師情緒的變化以及日常生活的細節。長期下來，他們得到一個結論，就是：「老師在這一天哭過，就不再唱歌了。」這句話的根據，顯然是孔子經常哭，並且不在意學生們的觀察。喜怒哀樂，原是人之常情，只要出於真情，誰能限制自己不哭呢？

這一天哭過，就不再唱歌。何以如此？因為人的情緒是延續而有感染力的。怎能在一天之內又哭又笑？由此也可知道，孔子是有淚不輕彈的，只是看到人間悲慘的事太多，不由得悲從中來。但是，情緒不應該帶到第二天。經過一夜的休息，隨

原文

子於是日哭，則不歌。

《論語・述而篇》

著朝陽升起，我們有新的工作要努力。人生的路雖然崎嶇，還是值得我們去開展。

同時，我們從孔子在某一天哭過就不再唱歌，可以推知：如果他在某一天沒有哭過，那麼就很可能以唱歌來調劑生活。換言之，孔子從小學習音樂，嫻熟各種樂器，但是抒發情感最自然、最方便、最有效的方法，還是唱歌。

學生們知道老師喜歡唱歌，也作了一番觀察，並且寫下一句有趣的資料，就是：「老師與別人一起唱歌，唱得開懷時，一定請他再唱一遍，然後自己又和他一遍。」

這種一唱一和的畫面，不但顯得其樂融融，更讓人覺得友情的珍貴與可喜。孔子平常很少堅持一定要如何，如果有，那就是在唱歌開懷時，一定要別人再唱一遍了。

原文

子與人歌而善，必使反之，而後和之。

《論語・述而篇》

志向高遠的人，很容易忽略眼前的朋友與身邊的瑣事，然後錯過了原本可以歡樂的時光。但是，如果沉迷或耽溺於一時的快樂，又很可能忘記了心中的理想。這時所需要的是長期的生涯規劃與短期的生活安排。譬如，在中學階段，只要隨著課業及考試而進展，可以順利畢業與升學，就不必掛念太過遙遠的未來。

情感需要抒發、調節、互動與交融。唱歌是一種方法。唱歌時，放下一切煩惱，人生遭遇的得意與失意不妨擱在一邊，讓真誠的情感自然流露。如果在今天不能活得快樂，誰又能保證會有美好的明天呢？

情緒管理的能力

這些年，大家都對情緒智商的重要有所認識。一個人如果情緒不穩，喜怒哀樂無法適度控制，又不能關心別人情緒上的變化，那麼他在做人處事方面一定動輒得咎，陷於失敗的困境。

這個道理其實在古代已經驗證了。《論語》中，有一句話描寫孔子的形象，內容是：「孔子看起來溫和而嚴肅，威嚴而不剛猛，謙恭而安適。」這種描述的特色是：保持在兩種極端之間的中和狀態。

譬如，有些人態度溫和，就很難嚴肅起來，於是在承擔重大責任時顯得缺乏魄力；反之，如果太嚴肅，又少了溫和的

原文

子溫而厲，威而不猛，恭而安。

《論語．泰伯篇》

氣氛，讓人不敢親近。其次，有些人不苟言笑，看起來相當威嚴，隨之流露剛猛之氣，對周圍的人造成壓力；然後，在遇到長輩或長官時，表現謙恭的態度，這時又難免顯得局促不安。以上三種狀況，都好像鐘擺一樣，不是偏向這一端，就是靠向那一端，很難保持中庸。

孔子的表現，是一個成功的例子。這是因為他具有自信，又能體察他與別人之間的適當關係，並且在情緒的調節上可以收放自如，做得恰到好處。他從幼年時代就不斷學習，認真思索，在修養自我的路上前進。若非如此，又怎能擁有這麼傑出的情緒智商呢！

常思索四件事，讓自己變更好

我們每天憂慮的是什麼？是食衣住行的匱乏，還是人際關係的惡化？是考試成績不好，還是知識能力不足？擔心，就會用心，然後想辦法加以改善。人活在世間，除了幼兒時期之外，不可能每天無憂無慮。

那麼，孔子所憂慮的是什麼？他說：「德行不好好修養，學問不好好講習，聽到該做的事卻不能跟著去做，自己有缺失卻不能立刻改正；這些都是我的憂慮啊！」

這裡提到的四件事中，前兩者是德與學，他用的是「不」字，表示自己的主動性不夠，應該增強的是志向。換句話說，修養德行與講習學問，是一個人只要自己「願意」，就可以做

原文

子曰：「德之不修，學之不講，聞義不能徙，不善不能改，是吾憂也。」

《論語．述而篇》

到的。

而後面兩件事所用的是「不能」，表示落實在具體生活中，無論遷善或改過，都是需要特別「努力」的。我們平常早已習慣了固定的行為模式，一旦發現錯誤，需要很大的決心與勇氣，才能夠挑戰自我，重新出發。

孔子以這四件事為憂，表示他念茲在茲，總是提醒自己要變得更好。時光匆匆，歲月悠悠，五年十年一晃就過去了。孔子每隔幾年就體會人生的更高境界，祕訣應該就是：他有正確的憂慮。他擔心的不是什麼發財，而是對自我的提升。

自我教育的方式

我們羨慕孔子說話有道理，做事有分寸時，也想知道他是怎麼培養這些能力的。換句話說，孔子在這方面有沒有老師呢？有的，他說：「幾個人一起走路，其中一定有我可以取法的；我選擇他們的優點來學習，看到他們的缺點就警惕自己不要學壞。」

所謂優點與缺點，是指善行與惡行，將對個人及群體產生正面或負面的影響。我們平常處於中間地帶，行為可善可惡，在看到別人的具體表現之後，就不必自己再去一一實驗了。我們可以立即下定決心，要行善避惡。

原文

子曰：「三人行，必有我師焉：擇其善者而從之，其不善者而改之。」

《論語．述而篇》

就近向身邊的人學習之外，還要擴大範圍。孔子說：「看見德行卓越的人，就要想怎麼努力像他一樣；看見德行有虧的人，就要反省自己是否也犯同樣的毛病。」可惜的是，通常我們看見賢者，會覺得遙不可及；看見不賢者，又避之唯恐不及；而忘記了由兩者身上都可以學到一些做人處事的道理。

看別人是一回事，看自己呢？孔子對此相當感嘆，他說：「算了吧，我不曾見過能夠看到自己的過失就在內心自我批評的人。」一般人看到自己的過失，往往先找藉口推託責任，這樣是幫不了自己的。看到過失，就自我批評，以後一定漸入佳境。

原文

子曰：「見賢思齊焉，見不賢而內自省也。」

《論語．里仁篇》

原文

子曰：「已矣乎，吾未見能見其過而內自訟者也。」

《論語．公冶長篇》

自我修鍊四原則

一個人越是聰明、能幹而有學識，就越容易以自我為中心來衡量一切。他可能就此養成先入為主的思考模式，無法客觀認清事實，也很難對別人的遭遇產生同情的理解。因此，孔子特別注意約束自我的偏差欲望。

長期下來，孔子完全戒除了四種毛病。我們看到的是：他不憑空猜測，他不堅持己見，他不頑固拘泥，他不自我膨脹。

我們對於許多事情，在得到充分而明確的資訊之前，總是喜歡自作聰明，妄加猜測，製造各種是非與不必要的困擾。一旦表示了意見，就想盡辦法尋找有利的理由與藉

原文

子絕四：毋意，毋必，毋固，毋我。

《論語・子罕篇》

口，來支持自己的主張，甚至以為這是擇善固執，而事實上只是為了顧全面子。

形成特定的作風之後，產生保守心態，認定自己年齡、輩分、地位都比別人高，頑固些也是應該的。這種不知變通的想法，最後演變為自我膨脹，以為在群體中自己最聰明、最能幹，也最有學識。這樣的人不但難以相處，而且總是給別人帶來壓力。即使他真的偶有高明見解，恐怕也不易獲得大家的欣賞。

成熟的麥穗，總是低垂著頭。成熟的人格，還要能敞開心胸，樂意與別人一起在人生道上努力成長。

孔子崇拜的偶像

孔子所崇拜的人物是周公，因為周公制禮作樂，奠定了周朝宏偉的基業。他在年老時，還曾感嘆：「我實在太衰老了，竟然很久都沒有夢見周公了。」我們今天把「夢見周公」當成打瞌睡，而不知孔子當初這樣說時，是懷著至為虔誠的心意的。

在孔子看來，周公的才華是世間最傑出的代表。但是，光有才華而沒有修養，會得到什麼評價呢？孔子說：「即使一個人才華卓越有如周公，如果他既驕傲又吝嗇，其他部分也就不值得欣賞了。」

驕傲的人，才華成為炫耀的天賦，不但不能促成群體

原文

子曰：「甚矣吾衰也，久矣吾不復夢見周公。」

《論語．述而篇》

原文

子曰：「如有周公之才之美，使驕且吝，其餘不足觀也已。」

《論語．泰伯篇》

的和諧，反而引起別人的嫉妒與批評。不僅如此，驕傲的人以自我為中心，很容易表現為吝嗇，即使自己有多餘的能力，也不願對別人伸出援手。或者，即使勉強幫助了別人，也會念念不忘，要求別人感激與回報。

人的才華是天生的，應該感謝上天與父母。有了才華，可以在社會上追求成就，這是大家所接受的遊戲規則。但是，如果「既驕傲又吝嗇」，沒有良好的修養，那只是自私自利的小人而已。反之，才華較高的人，如果能夠「既謙虛又大方」，願意與大家分享他的本事，就自然成為像周公與孔子一樣的君子了。

青少年生活守則

《論語》有些資料，是針對青少年階段的教育。這些資料會不會過時了呢？如果配合今日的時空條件，加以適當詮釋，應該還有參考價值。

孔子說：「青少年在家要孝順父母，出外要敬重兄長，行為謹慎而說話信實，普遍關懷別人並且親近有善行芳表的人。認真做好這些事，再去努力學習書本上的知識。」

談到孝順父母與敬重兄長，至少有兩個理由：一是父母生養照顧我們，兄長提攜指導我們；二是我們自己將來也會成為父母與兄長。所以，這個原則是可以成立的。

原文

子曰：「弟子入則孝，出則弟，謹而信，汎愛眾而親仁。行有餘力，則以學文。」

《論語．學而篇》

注釋

弟：同「悌」，敬重兄長或友愛兄弟。

其次，現在身為青少年，將來就是社會的中堅力量。如果行為不謹慎、說話不信實，如何能夠立身處世？如果不能普遍關懷別人，難免局限在自己的狹隘世界中，忘記了整個社會是生命共同體。親近有善行芳表的人，自己也會受到感染與鼓勵，容易走在正確的路上。

以上各種建議是希望我們認真去做的，那麼這些會不會占據所有的時間，以致沒空學習書本上的知識呢？不會的，因為時間可以規劃及安排。譬如，固定的上學階段，以及自由利用的空閒時間，並且，大家都會期許年輕人把握學習的可貴機會。孔子的意思，是要我們明白：念書的目的還是為了更充實、更美好的人生。

自我約束，減少出錯機率

青少年如果需要座右銘，並且規定只能用一個字來說的話，那麼孔子的建議大概就是「約」了。他說：「以約失之者，鮮矣。」意思是：因為自我約束而在做人處事上有什麼失誤，那是很少有的。

因為無法約束自己，我們搬弄各種八卦，增添許多是非；我們一上網遊戲，一上場打球，就忘了時間，使父母操心不已。萬一迷上了明星歌星，以致廢寢忘食，連課業都丟在一邊，更使老師傷透腦筋。

也許有人宣稱「人不輕狂枉少年」，但是輕狂如果沒有限制，結局很可能無法收拾。畢竟青春是短暫而寶貴的，人總是

在不知不覺中成長，白白錯過了充實自我的良機。那麼，怎樣才算做到約呢？比較簡單的，是依循明確而具體的規範。譬如孔子對顏淵說過：「非禮勿視，非禮勿聽，非禮勿言，非禮勿動。」只要視、聽、言、動都能遵守法律與禮儀的規定，就是約。

比較困難的，是在內心裡面主動約束自己。收斂心思、控制欲望、把握時間，然後把全副精力投注於自己選定的目標上。能夠做到這一點，長期下來就會發現自己成為生命的主人，可以自由揮灑才華。少了約，就像樹木未經修剪，也許枝葉繁盛，但是不可能長得高而壯。

發乎情，止於禮

在實踐美德時，如果缺乏適當的規範，光是一廂情願去做，結果往往讓人失望。所謂適當的規範，在古代是指「禮的節制」，要配合一個人的身分、角色、地位、職責來考量。

孔子說：「一味謙恭而沒有禮的節制，就會流於勞倦；一味謹慎而沒有禮的節制，就會顯得畏縮；只知勇敢行事而沒有禮的節制，就會製造亂局；只知直言無隱而沒有禮的節制，就會尖刻傷人。」

大家都肯定「謙恭、謹慎、勇敢行事、直言無隱」是值得追求的美德，但是如果少了禮的節制，後果就不理想

原文

子曰：「恭而無禮則勞，慎而無禮則葸（ㄒㄧˇ），勇而無禮則亂，直而無禮則絞。君子篤於親，則民興於仁，故舊不遺，則民不偷。」

《論語・泰伯篇》

注釋

葸：畏懼、退縮。

君子篤於親，則民興於仁：此處的「君子」與民相對，指政治領袖；「仁」是指人生正途。

偷：刻薄無情。

了。禮儀、禮節、禮貌，都是指人群互動時的共同規範，依此而行，就是「發乎情，止乎禮義」。

「發乎情」，是指行為出於真誠之心。孔子接著上面那一段話說：「政治領袖對待親族厚道，百姓就會漸漸走上人生正途；他們不遺棄過去的友人，百姓就不會刻薄無情。」

這裡所說的是，社會風氣有「上行下效」的一面。在今日民主時代看來，每一個團體，從學校到公司，都有各自形成的行為規範與風氣。我們在互動時要謹記兩個原則：一，遵守禮的節制；二，出於真誠之心。

禮節不應視為裝飾品

我們接受教育，學習禮儀與音樂，成為有教養的人；與人相處時，禮數周到；欣賞音樂時，有板有眼。這樣就夠了嗎？孔子說：「我們說禮啊禮啊，難道只是在說玉帛這些禮品嗎？我們說樂啊樂啊，難道只是在說鐘鼓這些樂器嗎？」

他的意思是：禮樂不只是形式與器物而已，更重要的是人的真實情感。譬如，我向長輩鞠躬或送禮，但是內心並無尊敬或感激之情，那麼我不是有些虛偽嗎？又如，我在聆聽或演奏樂曲時，內心情感並未隨之孕生及調和，那麼我與別人又如何產生共鳴？

原文

子曰：「禮云禮云，玉帛云乎哉？樂云樂云，鐘鼓云乎哉？」

《論語．陽貨篇》

有些人受到良好的文化薰陶，但是卻善於隱藏真實的情感，那豈不是本末倒置嗎？孔子說：「一個人沒有真誠的心意，能用禮做什麼呢？一個人沒有真誠的心意，能用樂做什麼呢？」

如果缺少人的真實情感，禮儀與音樂，就只是裝飾品而已。我們與別人互動或相處時，應該要以真誠的心意為基礎，再以適當的方式（如禮與樂）來表達。把握這個原則，人生之路將會愈走愈寬敞，也愈走愈順利。在人的世界裡，如果沒有真誠，則一切都是無謂及無聊的姿態而已。

原文

子曰：「人而不仁，如禮何？人而不仁，如樂何？」

《論語・八佾篇》

人生三階段的戒律

孔子說：「要成為君子，必須有三點戒惕：年輕時，血氣還未穩定，應該戒惕的是好色；到了壯年，血氣正當旺盛，應該戒惕的是好鬥；到了老年，血氣已經衰弱，應該戒惕的是貪求。」

《論語》中的「君子」一詞，常指「立志成為君子的人」，其重點在於動態的抉擇。因此，本文所說的「三戒」，可以由少年一直談到老年。

其次，所謂「血氣」，是指人的身體與生具有的欲望與衝動，如果讓它隨意發展，結果肯定是負面的，不但對自己造成困擾與煩惱，也將為社會帶來災難與罪惡。由此

原文

子曰：「君子有三戒：少之時，血氣未定，戒之在色；及其壯也，血氣方剛，戒之在鬥；及其老也，血氣既衰，戒之在得。」

《論語・季氏篇》

可見，孔子對人生的觀察是細膩而深刻的，而他所提出的警訊也是值得重視的。

對少年、壯年、老年這三個階段而言，分別要戒惕的是：好色、好鬥、好得。問題在於：如果沒有從少年時代開始認真戒惕，那麼後來年紀越來越大，各種毛病會累積成為可怕的困境。譬如，有些人早已經歷了少年歲月，卻未能擺脫早期的毛病，以致兼具「好色、好鬥、好得」三種缺點。孔子認為每一階段都有挑戰，是要提醒我們一生都不可鬆懈。

讓品格走在正途

在人格的培養過程中，需要不斷學習與實踐，而居於關鍵地位的則是：化被動為主動。所謂被動，是指接受父母的期許與老師的教導，進而謹守法律的規定與禮儀的安排。至於主動，則是出於自由意志，在沒有任何約束下自己所作的抉擇。

顏淵請教如何行仁。孔子說：「能夠自己作主去實踐禮的要求，就是人生正途。不論任何時候，只要能夠自己作主去實踐禮的要求，天下人都會肯定你是走在人生正途上。走上人生正途是完全靠自己的，難道還能靠別人嗎？」

原文

顏淵問仁。子曰：「克己復禮為仁。一日克己復禮，天下歸仁焉。為仁由己，而由人乎哉？」

顏淵說：「希望指點一些具體作法。」孔子說：「不合乎禮的不去看，不合乎禮的不去聽，不合乎禮的不去說，不合乎禮的不去做。」顏淵說：「我雖然不夠聰明，也要努力做到這些。」

以上兩段話合而觀之，可知目標是自己作主去實踐禮的要求，而具體作法則是規規矩矩地遵守禮的規範。人必須先「被動」循禮，再「主動」行禮。一旦達成主動行禮的目標，就是走上人生正途了。主動的人必定是自覺而自願，自主而自動，因而可以符合「文質彬彬」的要求，並且使生命充滿快樂與活力。

顏淵曰：「請問其目。」子曰：「非禮勿視，非禮勿聽，非禮勿言，非禮勿動。」顏淵曰：「回雖不敏，請事斯語矣。」

《論語．顏淵篇》

注釋

請事：請求指示如何。

處世原則——子張的筆記

子張請教怎樣可以行得通。孔子說：「說話真誠而守信，做事踏實而認真，即使到了南蠻北狄這些外邦，也可以行得通。說話不誠而無信，做事虛浮而草率，即使在自己本鄉本土，難道可以行得通嗎？站的時候，要好像看到這幾個字排列在眼前；坐在車中，要好像看到這幾個字展示在橫木上。這樣才能夠行得通。」子張把這句話寫在大衣的衣帶上。

一個人在世間到處行得通，不能靠僥倖或運氣，也不是手段或心機可以奏效的，而是要在言行方面表現真誠而負責的態度。說話時，要問自己是否出於真誠之心，並且

原文

子張問行。子曰：「言忠信，行篤敬，雖蠻貊之邦，行矣。言不忠信，行不篤敬，雖州里，行乎哉？立則見其參於前也，在輿則見其倚於衡也。夫然後行。」子張書諸紳。

《論語．衛靈公篇》

一旦與人約定，就務必守信。做事時，切忌虛浮而草率，要能腳踏實地、規規矩矩認真完成。如此將可得到別人的信任，不論在古代的「蠻貊之邦」，或今日先進國家之中，皆是如此。

反之，如果言行毫無章法，既不可靠也不負責，那麼就算是在自己的本鄉本土，也會處處碰壁而行不通的。這種觀點再一次肯定了人性是共同的，所以只要走在人生正途上，自然會獲得人們的善意回應。由今日我們與外國友人交往的經驗看來，情況確實是如此。

2 心靈安頓的力量

如何看待人生的遺憾？

司馬牛很憂愁，說：「別人都有兄弟，就是我沒有。」

子夏說：「我聽到的說法是：『死生各有命運，富貴由天安排。君子態度認真而言行沒有差錯，對人謙恭而往來合乎禮節，那麼四海之內的人都可以稱兄道弟。』君子又何必擔心沒有兄弟呢？」

原文

司馬牛憂曰：「人皆有兄弟，我獨亡。」

子夏曰：「商聞之矣：『死生有命，富貴在天。君子敬而無失，與人恭而有禮，四海之內皆兄弟也。』君子何患乎無兄弟也？」

《論語・顏淵篇》

司馬牛所盼望的兄弟，是指血緣上的一家人；子夏所描述的兄弟，是指理想相近的正人君子。子夏這一段話，應該是聽孔子說的，所以內容可圈可點。

人生有些方面是注定的，像死生與富貴，無法強求，只能順其自然；而另外也有自己可以作主抉擇的部分，就是如何立身處世。一個人只要做到「態度認真而言行沒有差錯，對人謙恭而往來合乎禮節」，那麼他在任何地方都會交到好朋友，並且可以肝膽相照，簡直無異於兄弟了。

這種觀點有個基本的預設，就是人性向善。「四海之內」的範圍，其實包含了普天之下，凡是走在人生正途上的人，亦即努力行善避惡的人，在見到別人表現道義的言行時，都會引起共鳴，進而互相肯定與欣賞。只有以道義

注釋

子夏：卜商，字子夏。小孔子四十四歲，名列文學科，善於理解文獻，是唯一被孔子稱許能啟發自己的學生。

結交的朋友，才能維持長久。如果不談道義，即使是真兄弟也未必能有真感情啊！

當心靈感到孤寂時

人與人難免互相比較。有些人因而奮發圖強，也有些人覺得自己受到委屈，甚至從此灰心喪志。孔子在這方面說過不少鼓勵學生的話，值得我們參考。

孔子說：「不擔心別人不了解自己，只擔心自己沒有能力。」有能力的人，一旦得到表現的機會，就可以一展長才；萬一沒有機會，則不妨繼續充實自己，藉此磨鍊自己的心志。

原文

子曰：「不患人之不己知，患其不能也。」

《論語・憲問篇》

孔子說：「不擔心沒有官位，要擔心的是憑什麼立身處世。不擔心沒有人了解自己，要設法使自己值得讓別人了解。」這句話有積極的指示，就是使自己「值得」讓別人了解。譬如，參加考試或競賽，以公平的方式取得別人的肯定與重視。

孔子又說：「不擔心別人不了解我，只擔心我不了解別人。」這句話提醒我們相互了解的重要。年輕時，要尋找志同道合的朋友；年長時，要提拔正直有為的後輩，因此，若不了解別人，難免造成許多錯誤，悔之莫及。

孔子對於別人不了解自己，其實深有體會，他認為這時能夠處之泰然，正是表現君子風度的時候，所謂「人不知而不慍，不亦君子乎？」

原文

子曰：「不患無位，患所以立。不患莫己知，求為可知也。」

《論語・里仁篇》

原文

子曰：「不患人之不己知，患不知人也。」

《論語・學而篇》

遭遇不幸，能不怨嗎？

冉有問：「老師會幫助衛君嗎？」子貢說：「好，我去請教他。」

子貢走進屋子，問：「伯夷、叔齊是什麼樣的人？」孔子說：「古代的有德之士。」

子貢問：「他們會抱怨自己的遭遇嗎？」孔子說：「他們所求的是行仁，也得到了行仁的結果，還抱怨什麼呢？」

子貢走出屋子，說：「老師不會幫助衛君。」

春秋時代，天下大亂，主要的原因是諸侯相爭。當時

原文

冉有曰：「夫子為衛君乎？」子貢曰：「諾，吾將問之。」

入，曰：「伯夷、叔齊何人也？」曰：「古之賢人也。」

曰：「怨乎？」曰：「求仁而得仁，又何怨？」

出，曰：「夫子不為也。」

《論語．述而篇》

的衛國發生父子相殘爭奪王位的局面，孔子一行人正好在衛國，學生們不知老師是否會幫助衛出公，子貢便自告奮勇的去請教孔子。他不直接問孔子是否幫忙，反而問了老師對伯夷、叔齊的看法。

伯夷與叔齊這兩兄弟是周代初期孤竹國國君之子，兄弟倆互相讓位都不願當國君，還一起逃到西部。當周武王起兵伐紂時，他們勸武王勿以臣子身分殺害君王，背負不仁之名，但勸阻不成，兩人就進入首陽山，最後餓死了。衛國父子奪位的狀況，恰與伯夷、叔齊兄弟相讓形成鮮明的對照。

孔子談到伯夷與叔齊時，特別強調「無怨」二字。一方面他們自己心中無怨——「他們所求的是行仁，也得到了行仁的結果，還抱怨什麼呢？」另一方面，他們也使別人對他們無怨。孔子說：「伯夷與叔齊心中不記著別人過去的惡行，別人對他們的怨恨自然也就很少了。」

因此，活在世間，要做雙向的努力，就是使自己無怨，使別人無怨。比較容易做到的是使別人無怨、而方法則是「不念舊惡」，亦即不要記著別人過去的惡行。

忘記仇怨，是一種修養，也是一種藝術。能做到這種要求，就會忘記過去，努力向前，使生命充滿創新的力量。我們往往在犯錯之後，除了希望別人原諒，給自己改過自新的機會之外，也希望別人忘記，把自己當成全新的朋友。因此，我們應該明白忘記的藝術，讓自己與別人可以擺脫過去的包袱，開創更理想的未來。

原文

子曰：「伯夷、叔齊不念舊惡，怨是用希。」

《論語．公冶長篇》

如何不抱怨、不迷惑、提升德行？

樊遲有一次請教老師三個問題，可以代表一個有心上進的青年所面對的挑戰。

樊遲陪同孔子在舞雩臺下遊憩時，說：「膽敢請教如何增進德行，消除積怨與辨別迷惑？」

孔子說：「問得好！先努力工作然後再想報酬的事，不是可以增進德行嗎？批判自己的過錯而不要批判別人的過錯，不是可以消除積怨嗎？因為一時的憤怒就忘記自己的處境與父母的安危，不是迷惑嗎？」

要增進德行，就須「先努力工作，然後再想報酬的

原文

樊遲從遊於舞雩（ㄩˊ）之下，曰：「敢問崇德，修慝（ㄊㄜˋ），辨惑。」

子曰：「善哉問！先事後得，非崇德與？攻其惡，無攻人之惡，非修慝與？一朝之忿，忘其身以及其親，非惑與？」

《論語．顏淵篇》

注釋

舞雩：祭天求雨的地方。

修慝：清除積怨。「慝」是藏匿在心中的怨恨。

事」，意思是先要求自己盡好責任。自我要求，是一切德行的基礎。要消除積怨，就是想化解我與別人之間的誤會與憎恨，那麼最好的辦法是不要批評別人的過錯，卻要經常自我反省。別人見你改過自新，也就不會再斤斤計較過去的仇怨了。然後，要辨別迷惑，對年輕人而言，首先就是避免在情緒衝動時做出一些不理性的事。孔子在此特別提及憤怒，因為憤怒使人失去理性，忘記自身的處境以及父母的安危。等到事後再來懊悔，已經來不及了。

因此，不做會使自己後悔的事，多批判自己的過錯，主動盡好自己的職責，然後人生之路將會越走越寬。這是孔子對樊遲的建議，也可以作為我們的借鏡。

找到快樂的祕訣

孔子與顏淵二人，都是德學兼備而生活窮困的，但是他們也都一直保持快樂的心境。後代學者很喜歡探討一個問題，就是要「尋孔顏樂處」，想了解他們快樂的祕訣。

快樂有不同的種類。在孔子看來，有益的快樂有三種，就是：「以得到禮樂的調節為樂，以述說別人的優點為樂，以結交許多良友為樂。」

首先，「禮樂的調節」將使生活顯得既有秩序又能和諧。禮是人際互動的規範，只要守禮就可以各安其分；樂是協調情緒，產生共融的機緣，可以化解人際之間的緊張與壓力。以此為樂，人生將可轉憂為喜。

原文

孔子曰：「益者三樂，損者三樂。樂節禮樂，樂道人之善，樂多賢友，益矣。」

《論語．季氏篇》

其次，在「述說別人的優點」時，等於肯定別人努力所得的成果，並且這種成果對社會整體也是有所貢獻的。如此促成良性的循環，鼓勵大家修德講學，共同謀求群體的福祉。

最後，「結交許多良友」，將敦促自己立志成為君子，進而走在人生正途上，互相扶持與期許，追求共同的理想。所謂「有益的快樂」，是指有益於完成擇善而行的人生之旅，並且朝著「止於至善」的目標前進。孔子與顏淵的快樂，大致如此。

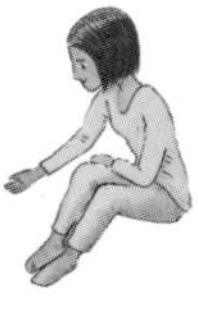

避免陷入有害的快樂

相對於有益的快樂，當然也會出現一些有害的快樂。孔子認為三種快樂有害，就是：「以驕傲自滿為樂，以縱情遊蕩為樂，以飲食歡聚為樂。」

首先，「驕傲自滿」是指在某一方面勝過別人，因而自大自誇。有些人才華洋溢，但是心胸狹窄，習慣抱著有我無人的觀念，甚至以嘲諷別人為樂。這樣的人對社會也許有些貢獻，但是同時也會造成人際關係的不安與緊張，甚至成為禍害與災難的源頭。

其次，「縱情遊蕩」是隨心所欲，不務正業的表現。在經濟條件較佳時，是「由簡入奢，易」；到了景氣變差時，

原文

孔子曰：「益者三樂，損者三樂。……樂驕樂，樂佚遊，樂宴樂，損矣。」

《論語．季氏篇》

就面臨「由奢入儉，難」了。這時如果繼續揮霍，大概就會走上違法亂紀的不歸路了。

最後，「飲食歡聚」原本無傷大雅，但是以此為樂，或者樂此不疲，就會陷入物欲享受的深淵。事實上，這種快樂對身體健康也將有所妨害。

這三種快樂雖然有害，但是卻有很大的吸引力。我們不妨把孔子的用意置於「適當的節制」上。在肯定自我時，別忘了尊重別人；在遊蕩與歡聚時，要想到適可而止，要想到自己對社會的一份責任。

3 說話之道

口才不好，未必是缺點

今天是講究自我推銷的時代，一個人伶牙俐齒、口才卓越，就有更大的發展空間。不過，從另一方面看，則不能忽略，許多猜忌、仇怨也與能言善辯有關。以下是《論語》的一段資料。

有人說：「仲弓這個人，可以行仁但是口才不夠善巧。」

孔子說：「何必需要口才善巧？以伶俐口才與別人爭論，常常引起別人的厭惡。我不知道他是不是行仁，但是何必需要

原文

或曰：「雍也，仁而不佞。」

子曰：「焉用佞？禦人以口給，屢憎於人。不知其仁，焉用佞？」

《論語．公冶長篇》

口才善巧？」

冉雍，字仲弓，是孔子的高材生，名列於德行科，常常受到孔子的稱讚。有人認為他的口才不夠善巧，大概是一項缺點。孔子卻不以為然，認為喜歡逞弄口才的人容易引起別人的厭惡。別人一旦厭惡，自然增加各種阻力，最後變成寸步難行。

仲弓是努力行仁的人，孔子為何說：「我不知道他是不是行仁？」原因是：孔子認為行仁是一輩子的目標，既不可鬆懈，也不可自滿。就像我們做人處事，過去的努力不能保證將來不會遇到更大的挑戰，因此必須謹慎為之。換句話說，與其訓練自己的口才，不如堅定自己的志向，改善自己的品德。

與朋友說話，要有分際嗎？

朋友之間，可以無話不談嗎？答案是：要看對什麼人說什麼話，亦即仍然應該有分寸。譬如「交淺言深」，就值得商榷了。即使是朋友之間相互的勸告，也須適可而止。

子貢請教交友之道，孔子說：「朋友若有過錯，要真誠相告而委婉勸導；他若不肯聽從，就閉口不說，以免自取其辱。」這裡明顯分為兩個步驟，首先要做到「友直」，就是真誠說出朋友的過錯，但態度要溫和。其次，則須考量朋友的反應，如果他不願接受，就表示我說話的時機不恰當，或者他還沒有心理準備，甚至或許是我誤會他了，這時就不必多言，不然可能自取其辱。

原文

子貢問友。子曰：「忠告而善道之，不可則止，毋自辱焉。」

《論語・顏淵篇》

煩瑣或嘮叨，對任何人都是行不通的。子游說：「服事君主若是過於煩瑣，就會招致侮辱；對待朋友若是過於煩瑣，就會受到疏遠。」在此，「君主」可以泛指長輩、老闆、上司，我們在說話時要有節制，不然難免難堪而下不了臺。至於朋友，我們如果喋喋不休，就會受到他的疏遠。我們出於關懷與真心的話，在他聽來只是行動的參考，未必非要言聽計從不可。畢竟每個人都有獨立自主的生命，都應該為自己所作的選擇負責。朋友是一面鏡子，又怎能代替他生活呢？

原文

子游曰：「事君數（ㄕㄨㄛˋ），斯辱矣；朋友數，斯疏矣。」

《論語・里仁篇》

注釋

數：煩瑣。

說話，最難在謹慎

說話是人的本能，本能如果未經訓練，就無法達成高尚的目的。訓練包括正式受教育在內，使人知道在什麼場合說什麼樣的話，以及如何說得恰到好處。孔子說過：「不學詩，無以言。」意思是：不學《詩》，就沒有說話的憑藉。《詩》提供了豐富的材料，如比喻、象徵、故事，使說話的溝通效果更順暢也更理想。一個想在社會上發揮抱負的人，非要多學習不可。

至於日常生活中與人交往，也須注意說話嗎？孔子先以古人為例，說：「古代的人說話不輕易出口，

原文

子曰：「古者言之不出，恥躬之不逮也。」

《論語．里仁篇》

因為他們以來不及實踐為可恥。」

說話很容易，像答應別人要做這個做那個，但是真正去做時可能遇到困難與變數，結果就失信於人了。所以，孔子主張：「做為君子，就要努力在言語上謹慎遲鈍，並且在行動上敏捷有效。」

當司馬牛請教老師如何行仁時，孔子知道他有「多言而躁」的毛病，不但話很多，脾氣又暴躁，就回答他：「行仁的人，說話非常謹慎。」

司馬牛再問：「說話非常謹慎，就可以稱得上是行仁了嗎？」孔子說：「這是很難做到的，一般人說話做不到非常謹慎的！」

原文

子曰：「君子欲訥於言而敏於行。」

《論語・里仁篇》

原文

司馬牛問仁。子曰：「仁者，其言也訒。」曰：「其言也訒，斯謂之仁已乎？」子曰：「為之難，言之得無訒乎？」

《論語・顏淵篇》

注釋

訒：指說話非常謹慎。

這固然是對司馬牛的因材施教，也可以作為我們的參考。像「行仁」這麼重大的題目，答案也可以是說話謹慎而已，所以不可小看這一要求。

三種話題須慎重

「子罕言利與命與仁。」（論語．子罕篇），孔子很少主動談起有關「利益、命運、行仁」這三類問題。他這種態度是為了表示慎重。為什麼必須慎重？因為這三點是大家都關心的，但是任何泛泛之論都可能由於每個人的個別差異，而引起誤解。

子夏擔任莒父的縣長，請教政治的作法。孔子說：「不

要想要很快收效，也不要只看小的利益。想要很快收效，反而達不到目的；只看小的利益，反而辦不成大事。」

以利益來說，這是人之所欲，誰不想要？但是，利益必須配合道義來考量，亦即見到利益時，要問該不該得，如果只顧眼前的利益，很可能「見小利則大事不成」。

再以命運來說，其中涉及許多難解的謎，無法做合理的說明。重要的是：人在面對無奈而盲目的命運時，能否領悟自己的天賦使命。孔子本人在五十歲時，才達到「知天命」的境界，又如何能以簡單的說法來告訴別人有關命運的奧妙呢？

然後，以行仁來說。《論語》中，孔子都是針對弟子的詢問來回答，而從來不曾以定義的方式，說明什麼是「仁」

原文

子夏為莒父宰，問政。子曰：「無欲速，無見小利。欲速則不達；見小利則大事不成。」

《論語．子路篇》

的標準答案。行仁是一生的任務，要依個人的處境、性向、理想來判斷。因此，有的學生三次問仁，所得的回答都不相同。由此可知，人生之路還是要靠自己去體驗，不能只靠說說就算了。

有些話題，多談無益

古人對「說話」所用的字是「言」與「語」。言是發言，代表主動談起；語是對話，代表與人談論。因此，「子不語：怪、力、亂、神」（論語・述而篇），意思是：孔子不與人談論有關反常的、勇力的、悖亂的、神異的事情。

不談論，並不表示這些事情不存在。這一類的現象不但存

在，並且吸引大家的注意。但是，由於這些都不是常態的、合理的與正確的，我們多談又有何益？簡單分析起來，反常的事使人迷惑，勇力的事使人忘德，悖亂的事使人不安，神異的事使人妄想。

氣候如果反常，變成冬熱夏冷，連專家都說不清楚是怎麼回事，則我們的談論只是猜測而已。靠勇力征服別人的是霸主，靠品德統一天下的才是君王；我們希望統治者善待百姓，又何必多談勇力？春秋時代，悖亂造反的事件很多，越談論人心不是越不安嗎？然後，神異或靈異的傳聞，總是繪聲繪影，但是又找不到確實的證據，徒然讓人產生稀奇古怪的妄想，甚至忽略了自己的本分。

我們現在每天看到及聽到的新聞，充滿了「怪、力、亂、神」，但是真正的生活還是要一步一步的走下去。我們固然不能免於知道這些事，至少可以不必花費時間與精神去談論它們。再多的談論也不能取代正常的人生。

言行對求職的影響

一般談到就業，往往強調專門的知識與能力。的確，社會分工合作，人人需要具備專長。不過，我們與人相處，在長期互動之下，言行表現將扮演重要角色。

子張請教怎樣獲得官職與俸祿。孔子說：「多聽各種言論，有疑惑的放在一邊，然後謹慎去說自己有信心的，這樣就會減少別人的責怪；多看各種行為，有不妥的

放在一邊，然後謹慎去做自己有把握的，這樣就能減少自己的後悔。說話很少被責怪，做事很少會後悔，官職與俸祿自然不是問題。」

我們工作時，日常業務可以駕輕就熟，那麼，決定我們升遷的因素是什麼？是我們平時待人接物的言行表現。說話若是不謹慎，以致受人責怪；行為若是太疏忽，以致經常後悔；這樣又怎能獲得別人的信任與重用呢？

孔子的建議是：先要多聞多見，然後仔細分辨；沒有信心的言論，就不要說；沒有把握的行為，就不要做。如果做到這一步還會遇到困難的話，就只有更加用心努力學習了。子張的年紀比孔子小了四十八歲，所以這是孔子對年輕學生的真心建議。我們在踏入社會之前，就應開始

原文

子張學干祿。子曰：「多聞闕疑，慎言其餘，則寡尤；多聞闕殆，慎行其餘，則寡悔。言寡尤，行寡悔，祿在其中矣。」

《論語．為政篇》

注釋

干祿：求取功名利祿。干，求取、營求。

闕疑：闕，同「缺」，保留的意思。闕疑，對有疑問的地方持保留態度。

尤：怨恨、責怪。

在言行方面多加考量了。

古代讀書人的主要出路是從政。孔子認為，讀書必須「學以致用」，也就是要活學活用。一個人如果只知念書，最多是個「兩腳書櫥」，遇到真實人生的挑戰，照樣會敗下陣來。

人的表現主要是言與行。以行來說，就業之後必有固定任務，這種任務除了專業技術之外，還有與人合作的一面，這時所需要的是懂得人情世故，不然就會增加許多困擾與阻礙，最後無法順利達成任務。以言來說，我們雖然不必擔任大使，也有許多獨當一面的說話機會，這時又該如何表現呢？

古代的使臣在接奉國君的命令之後，必須自行判斷以何種言辭來表達，這就是「受命不受辭」。說話要看場合，考量現場的氣氛、主人的心情、話題的走向等，還要謹慎斟酌自己的

用語，方寸拿捏得恰到好處。時代雖有古今之別，我們進入社會工作之後，在言行方面的要求依然是大同小異的。

第三部

人生，因朋友而豐富

1 如何建立適宜的人際關係？

2 選擇朋友的智慧

3 如何分辨真君子、真小人？

1 如何建立適宜的人際關係？

一個字，受用終身

子貢請教：「有沒有一個字可以讓人終身奉行的呢？」

孔子說：「應該是『恕』吧！自己所不想要的一切，就不去加在別人身上。」

歷史上偉大的思想家（如宗教家、哲學家、教育家）常會提出自己一生最扼要的心得，稱之為「金律」。孔子的金律是一個「恕」字。「恕」字的結構是「如與心」，意指將心比心，把別人當成自己來看待。

原文

子貢問曰：「有一言而可以終身行之者乎？」子曰：「其『恕』乎！己所不欲，勿施於人。」

《論語・衛靈公篇》

「己所不欲，勿施於人」是非常有特色的說法。如果是「己所不欲，施之於人」，就等於惡劣的行徑，故意欺侮別人。如果是「己之所欲，勿施於人」，就有自私自利的嫌疑，也不可能交到朋友。如果是「己之所欲，施之於人」，這樣固然很有愛心，但是你怎麼知道別人會接受你所要的東西呢？也許你過於主觀、過度熱心，反而可能造成別人的困擾。

至於「己所不欲，勿施於人」，則是在與別人相處時，無論說任何話或做任何事，都要先設想：如果別人對我如此說或如此做，我會接受嗎？我若不會接受，那麼就不要加在別人身上。我若會接受，也要徵詢並且尊重別人的意見，不可一意孤行或自以為是。

能維持一輩子的朋友

我們在求學的每個階段，都會結識不同的朋友。有些朋友可以長期維持，甚至終身來往；有些朋友只能留在回憶中，偶爾想起時，難免有些悵惘。這是人生的實際狀況，那麼，孔子對此有何看法呢？

孔子說：「可以一起學習的人，未必可以一起走上人生正途；可以一起走上人生正途的人，未必可以一起立身處世；可以一起立身處世的人，未必可以一起權衡是非。」他的觀點所強調的不是朋友之間的情感或際遇，而是人生的四大要點，依此可以區分四階段的朋友。

首先，一起學習的稱為同學，畢業之後各有發展，但是

原文

子曰：「可與共學，未可與適道；可與適道，未可與立；可與立，未可與權。」

《論語．子罕篇》

能夠一起走上人生正途嗎？一般所謂的社會成就，像升官發財，未必等於人生正途。其次，即使志同道合，遇到各種考驗時，能否一起立身處世、堅持原則呢？然後，即使能夠做到一起立身處世，算是十分難得了，但是，可以一起權衡是非嗎？

孔子認為，人生最可貴的，是找到一起「權衡是非」的朋友。我們在面臨人生的重大抉擇時，都希望能有一位知心好友可以一起商量。明白了上述的交友四階段，我們會更珍惜每一階段與自己同行的朋友。

孔子的俠義精神

孔子留給後人的形象，是溫文儒雅的老師。他是能言善道的教育家，同時也是身體力行的實踐者。他對朋友的態度，更是彰顯了俠義精神。

《論語》記載了一句話：「遇到朋友過世而沒人料理後事，孔子就說：『我來負責喪葬。』」朋友過世，為什麼沒人料理後事呢？除了戰亂離鄉或意外狀況之外，大概是因為家道中落或子孫不肖。這時出面幫忙，完全沒有任何利益考量，而純粹是雪中送炭的義舉。

孔子交友，構成一些生動的畫面。譬如「有朋自遠方來，不亦樂乎？」朋友別後聚首，暢論各種際遇，相互印證

原文

朋友死，無所歸，曰：「於我殯。」

《論語．鄉黨篇》

體驗，確是人生一樂。又如，孔子談到「三種快樂有益」時，特別提及「以結交許多良友為樂」，這是敞開心胸，廣交天下豪傑的風範。

但是，人生的苦樂總是相伴而來，像朋友之間的生離死別，就讓人惆悵而痛苦。所謂「一死一生，乃見交情」，朋友活著時珍惜情誼，朋友過世之後，若有什麼未了的心願，則要盡力幫他完成。孔子為朋友負責喪葬事宜，正是具體的實踐道義。能有像孔子這樣的朋友，可謂死而無憾。我們也應該效法他的義行。

什麼是理想的朋友？

羅馬文豪西塞羅把朋友比擬為太陽，為人間帶來光明與溫暖。如果沒有朋友，人生不僅孤單，而且十分乏味。但是，交友也須謹慎選擇，而選擇的標準是什麼？

孔子說：「找不到行為適中的人來交往，就一定要找到志向高遠或潔身自好的人。志向高遠的人奮發上進，潔身自好的人有所不為。」

孔子所推薦的三種朋友，其特性依序是：行為適中，志向高遠與潔身自好。亦即「中行」、「狂者」、「狷者」。

「中行」，是行為適中的人，這是一種高度修養。中行者文質彬彬，進退有節，有所為也有所不為。如果找不到這

原文

子曰：「不得中行而與之，必也狂狷（ㄐㄩㄢˋ）乎！狂者進取，狷者有所不為也。」

《論語・子路篇》

注釋

狷：清高、正直不阿。

狂狷，過於激進與過於保守的人。

種人交往，就一定要找到「狂者」和「狷者」。與「狂者」交往，會發現他不斷的在進步，帶動自己也隨著進步；至於「狷者」，則是對某些事情有所不為，或有所堅持的人。

這裡所說的是交友的對象，事實上也提醒我們修養的順序，是要由下往上努力。首先，要做到潔身自好，就是對於違背公序良俗的事，要避之唯恐不及。一個人必須「有所不為」，然後才能「有所為」。其次，有所為的具體表現，就是志向高遠，不但不願與現狀妥協，還要期許自己成為修身養性的君子。

至於行為適中，則是最高境界。「適中」是指恰到好處，當行則行，當止則止；或者可以說是：當狂則狂，當狷則狷。既能潔身自好，又有高遠志向，然後言行皆可合乎適

當的規範。這樣的朋友，顯然是人間至寶。我們嚮往這種朋友時，別忘了要求自己如何由狷而狂，再由狂而走向中行。

值得長久交往的人物

我們一生都需要朋友。有些朋友，相識到一個程度之後，就像兄弟姊妹一般，成為一家人，彼此之間在言行上都沒有什麼顧慮。也有一些朋友，不管你認識他多久，他都堅持某些原則，亦即以道義來互相交往。

在感情與道義之間，我們為每一位朋友找到一個位置。能夠分辨朋友的適當角色以及彼此之間的合宜關係，就可以長期享受友誼的溫暖了。

孔子說：「晏平仲善與人交，久而敬之。」晏平仲，名嬰，又稱晏子，齊國大夫。孔子這句話的意思是：晏平仲很懂得與人交往的道理，交往越久，別人越敬重他。在此，所謂「久而敬之」，並不是說他越來越敬重別人，因為對別人表示敬重並非難事，難的是得到別人的敬重。別人為什麼敬重他？正是因為他長期的言行表現是禁得起考驗的。所謂「日久見人心」，即是此意。

莊子說：「君子之交淡若水，小人之交甘若醴。」（《莊子・山木篇》）交友不必整天聚在一起，或者只是吃喝玩樂，而應該回歸平淡的日常生活。至於像「水」一般，是指活潑流動，生生不息。朋友互相欣賞，彼此鼓勵與敦促，攜手走上人生正途，要讓世間因為我們而更有希望。能有值得敬重的朋友，是人生一大幸福。

2 選擇朋友的智慧

如何辨明值得交的朋友？

我們與人相處，首先要準確判斷：這個人的志趣是什麼？他是否值得信賴？他與我可以成為朋友嗎？孔子教導學生時，希望他們培養卓越的才學，將來可以為群體服務，但是同時也希望他們懂得知人的方法。

孔子說：「看明白他正在做的事，看清楚他過去的所作所為，看仔細他的心安於什麼情況。這個人還能如何隱藏呢？這個人還能如何隱藏呢？」

原文

子曰：「視其所以，觀其所由，察其所安；人焉廋（ㄙㄡ）哉？人焉廋哉？」

《論語．為政篇》

注釋

廋：即隱藏、藏匿。

在此提及三種「看」的對象，所指的是一個人的現在、過去與未來。一個人現在所做的事，也許有對有錯，我們很難以偏概全。如果參考他過去的所作所為，看他一路走過來的表現，要判斷就比較容易了。

再進一步，還須考慮他的心「安於什麼情況」，即他的未來志向何在。許多人在求職面試時，老闆會問他：「你對未來有什麼憧憬？」原因是：一個人如果沒有願景，就不會努力奮鬥、繼續上進，將來的成就也很有限。

孔子的方法綜合了現在、過去與未來，甚至從表面深入到內心，以致他可以說「這個人還能如何隱藏呢？」我們在知人時，不妨練習使用此一方法，並且藉此提醒自己：別人也會如此觀察及評估我們。

認識人的方法

人的性格可以分類，就像星座可以分組一樣。任何一種性格，都有它的優點與缺點。有時，優點與缺點是相互為用的，就看自己如何去調適了。

孔子說：「人們所犯的過錯，各由其本身的性格類別而來。因此，察看一個人的過錯，就知道他的人生正途何在。」

以性格類別來說，有的急躁，有的溫和，有的爽朗，有的深沉等等。這是天生的氣質，無所謂好壞；但是，由此展現為行動，就難免有流於偏差的結果。急躁的人缺乏耐心，溫和的人難以決斷，爽朗的人不拘小節，深

原文

子曰：「人之過也，各於其黨。觀過，斯知仁矣。」

《論語．里仁篇》

注釋

黨：指性格類別。

沉的人有話不說；然後，在人際相處的過程中，不同性格的人互動時就會出現困難了。

孔子對此不但不悲觀，反而建議我們要從一個人的過錯，去了解他的性格屬於何種類型，然後再找出他的人生正途。在此，所謂的「仁」，是指人生正途。目標一致，但路線及方法不同。猶如「條條大路通羅馬」一樣，每個人都有自己的際遇，有的崎嶇，有的順遂，但是最後所要抵達的都是「止於至善」。

我們要學習從一個人的過錯，看出他的潛在性格以及其中所蘊藏的優點與潛能。有了過錯，知道往什麼方向去改正及努力。這不是我們的真實人生體驗嗎？

交友原則——選擇有正能量的人

「近朱者赤，近墨者黑」；你與什麼人交往，久而久之會互相影響，然後跟著變好或是變壞。因此，交朋友對任何人而言，都必須謹慎。

孔子認為，三種朋友是有益的。「與正直的人為友，與誠信的人為友，與見多識廣的人為友，那是有益的。」

正直的人堅持原則，有話直說，雖然常常發出逆耳的忠言，但是無異於一面鏡子，讓我們照見自己的真相，然後可以改過遷善，一起攜手走上人生正途。誠信的人不僅誠實而守信，值得信賴與依靠，並且能夠體諒我們的弱點，在包容之餘，鼓勵我們上進。至於見多識廣的朋友，則可以開拓我

原文

子曰：「益者三友，損者三友。友直，友諒，友多聞，益矣。」

《論語．季氏篇》

們的眼界與心胸，準確判斷當下的處境與未來的發展。只要與他交談或共事，總能得到啟發，因而也對人生充滿希望。

我們在尋找這三種益友的同時，別忘了自己也須努力成為別人的益友。看到朋友犯錯，應該秉持正直的態度，委婉加以規勸；只要他願意改過，就以寬容之心多加體諒，繼續信賴無疑；然後，除了專業知識之外，還要增廣見聞，使彼此之間的談話豐富而有趣。如此相得益彰，才是交友的最大快樂。

交友原則——志趣相投

孔子說：「君子言行不莊重就沒有威嚴，多方學習就不

會流於固陋。以忠信為做人處事的原則，不與志趣不相似的人交往。有了過錯，不怕去改正。」

孔子時常談到的「君子」，在古代有兩種意義：一是指有官位的人，二是指有品德的人。使用較多的，顯然是後者。值得注意的是：人的品德不是一天造成的，所以「君子」往往是指「立志成為君子的人」。有沒有立志，才是關鍵所在。

言行莊重，自然就有威嚴，也將贏得別人的尊敬。多方學習，明白各種道理，在判斷事情時就不會拘泥偏狹。忠是以真誠態度與人交往，信是答應的事一定做到。君子是一個值得信賴的朋友。

交朋友，除了機緣條件配合之外，志趣相似是最重要

原文

子曰：「君子不重則不威，學則不固。主忠信，無友不如己者。過則勿憚改。」

《論語．學而篇》

的。所謂機緣條件，包括同鄉、鄰居、同學等；而志趣方面，則要看雙方是否都喜歡打球、下棋、念書、上網等等。志向相似，才會走在共同的人生之路上；興趣相投，才容易找到共同的話題，參與共同的活動。換言之，交友不必比較誰優誰劣，而要考慮：在忠信的原則下，彼此是否志趣相近。

孔子有一句話常常受人誤解，就是「無友不如己者」。他的意思是「不要交不如自己的朋友」嗎？

試想：如果我拒絕不如自己的朋友，那麼比我優秀的人為什麼要接納我呢？並且，所謂「不如」又是指哪一方面呢？既然尚未交往，又怎麼判斷誰優誰劣呢？事實上，不是每個人都有某些優點與缺點嗎？因此，孔子的意思應該

是：不與志趣不相似的人交往。我們常說：「話不投機半句多。」連說話都如此，何況是成為朋友呢？

孔子另外也說過：「道不同，不相為謀。」意思是：人生理想不同的話，不必互相商議。這句話與前述交友首重志趣，可以合而觀之。我們年輕時，喜歡強調志趣，亦即志向與興趣；年紀稍長之後，將會重視人生理想。既然是活在自由而多元的現代社會，我們更有能力依循孔子所說的兩大準則。不過，在自行選擇朋友的同時，不能忽略孔子所說的另一句話：「以忠信為做人處事的原則。」如果缺少忠信，又怎能交到任何朋友呢？

最後，每個人都難免有過錯，甚至形成習慣，連自己也無法察覺。這時，要善於反省，發現過錯之後，不但要勇於

改正，還要積極修養品德，才能真正成為君子，成為一個值得被人信賴的朋友。

交友原則——避開損友

孔子談過「益者三友」之後，接著就要提醒我們「損者三友」了。他說：「與裝腔作勢的人為友，與刻意討好的人為友，與巧言善辯的人為友，那是有害的。」

一個人「裝腔作勢」，表示他重視外在的評價，喜歡以虛浮的方式來遮掩自己的真相。我們如果與這樣的人交往，不但談不上誠信，反而容易狂妄自大，甚至一遇患難就各自分道揚鑣了。

原文

子曰：「益者三友，損者三友。……友便辟，友善柔，友便佞，損矣。」

《論語．季氏篇》

其次，朋友如果「刻意討好」，就是要奉承巴結我們，巧言令色而不真誠。一旦他達成目的，可能就翻臉不認人了。根據許多人的經驗，可知「當面說好話，背後下毒手」，是十分可能的事。

然後，「巧言善辯」的人容易造成一種錯覺，讓我們以為他見多識廣或很有學問。自從說話變成一種技巧之後，有些人用心磨鍊技巧而忘記了說話的原始目的是「言為心聲」。光是說話而言不由衷，又與鸚鵡有什麼差別呢？

我們在警惕自己不要與這一類損友交往時，也須自問是否在不知不覺中也染上這樣的惡習，亦即：自己是不是也在裝腔作勢，刻意討好，巧言善辯？人是「物以類聚」的，為了避開損友，必須先要求自己沒有類似的毛病。

3 如何分辨真君子、真小人？

虛情假意非君子

孔子對魯國太史左丘明非常敬重。他特地說一段話，表示自己的觀點與左氏是一致的。

他說：「說話美妙動聽，表情討好熱絡，態度極其恭順；左丘明認為這樣的行為可恥，我也認為可恥。內心怨恨一個人，表面上卻與他繼續交往；左丘明認為這樣的行為可恥，我也認為可恥。」

與人交往，首重真誠，在說話、表情、態度方面不必

原文

子曰：「巧言、令色、足恭，左丘明恥之，丘亦恥之。匿怨而友其人，左丘明恥之，丘亦恥之。」

《論語・公冶長篇》

刻意討好，因為朋友之間必須平等相待，否則難以持久。至於內心怨恨一個人，卻還與他交往，那實在是太虛偽了。所謂真誠，就是表裡如一，內外一致。我若心中對人有怨，應該先自己反省，看看是否出於誤會，不然就找機會溝通，求得彼此諒解。如果怨恨還是無法消除，那麼只好基於「道不同，不相為謀」的原則，大家不再來往。

在孔子看來，人有益友，也有損友，另外有些朋友也可能成為將來的敵人。「匿怨而友其人」就是指：表面上做朋友，而心中已經逐漸轉變為仇敵了。我們不願別人如此對待自己，我們也不該如此對待別人。孔子認為這是可恥的行為，因為它誤用了朋友之名，使大家對朋友產生疑慮。

從風度見高下

君子經歷長期的修養工夫，所成就的風度是坦蕩無私。以孔門最傑出的弟子顏淵為例，他的志向是「我希望做到：不誇耀自己的優點，不把勞苦的事推給別人。」能夠打破自我的藩籬，處處為別人設想，化私為公，以公代私，才稱得上是個君子。

孔子說：「君子開誠布公而不偏愛同黨；小人偏愛同黨而不開誠布公。」凡事只問對人群是否有利，而不考慮自己親友的需求。他又說：「君子自重而不與人爭鬥，合群而不成幫結派。」既能自重，以高標準的道德來要求自己，又能合群，在任何團體都可以融洽相處。

原文

……顏淵曰：「願無伐善，無施勞。」

《論語．公冶長篇》

原文

子曰：「君子周而不比，小人比而不周。」

《論語．為政篇》

注釋

周：即周延、周到，在這裡是指開誠布公。

比：結黨營私。

原文

子曰：「君子矜而不爭，群而不黨。」

《論語．衛靈公篇》

孔子也說：「君子沒有什麼可爭的，如果一定要有，那就比賽射箭吧。比賽時，上下臺階與飲酒，都拱手作禮，互相謙讓，這樣的競爭也是很有君子風度的。」由此可見，射箭不但是作戰時的基本武藝，也有明確的禮儀形式，可以作為娛樂與競賽的項目，並且展現君子風度。

由於無私，君子在團體中可以包容及欣賞不同的觀點與立場。孔子說：「君子協調差異，而不強求一致；小人強求一致，而不協調差異。」他又說：「君子舒泰而不驕傲，小人驕傲而不舒泰。」舒泰的人安詳而自在，因為內心自有主宰，不必向別人示威。小人一落單就難過，所以總想向人矜誇。

原文

子曰：「君子無所爭，必也射乎。揖讓而升下而飲，其爭也君子。」

《論語・八佾篇》

原文

子曰：「君子和而不同，小人同而不和。」

《論語・子路篇》

原文

子曰：「君子泰而不驕，小人驕而不泰。」

《論語・子路篇》

注釋

泰：舒泰安詳而自在。

小人是指沒有立志也不肯上進的人。這樣的人其實並不快樂。孔子說：「君子心胸光明開朗，小人經常愁眉苦臉。」因此，我們在欣羨君子風度時，也可以起而效法。

君子散發的氣質

孔子心目中的理想人格是君子。「君子」一詞，在古代是指貴族子弟，後來用意改變，特別是指進德修業有所成就的人。

孔子說：「質樸多於文飾，就會顯得粗野；文飾多於質樸，就會流於虛浮。文飾與質樸搭配得宜，才是君子的修養。」

質樸是未經琢磨的本性，雖然樸實淳厚，但容易顯得粗

原文

子曰：「君子坦蕩蕩，小人長戚戚。」

《論語．述而篇》

原文

子曰：「質勝文則野，文勝質則史，文質彬彬，然後君子。」

《論語．雍也篇》

野。就像一個沒有受過教育的人，雖有一片誠意，但不懂得禮節規矩，言行的分寸不易拿捏。文飾則是教育的具體成果，使人在說話及行動方面中規中矩，但是如果過度注意文飾，就會流於表面工夫，顯得虛浮而不夠實在。

今天是教育普及的時代，大家都學會基本的文飾，在相處時也能合乎禮節的要求。不過，相形之下，質樸的成分就受到忽視了。孔子認為，質樸與文飾必須搭配得宜，才可算是一位君子。

具體的作法是：在學習待人接物的規矩時，不可忘記真誠的心意。在真心表白自己的想法時，不可忽略適宜的方式。君子的條件是「文質彬彬」，既有文飾又有質樸，不但言行得體，也能真心相待。

第四部

大師給答案——絕不簡單！

1 給一個上進的理由

2 名師和高徒激盪的火花

3 價值判斷——怎麼看優劣、對錯？

4 孝順之難

1 給一個上進的理由

人為什麼需要學習？

在成長的過程中，我們聽說各種美德，自然心生嚮往。但是，由於人際關係的複雜與多變，光是愛好美德而不懂得如何正確判斷，畢竟是不夠的。

孔子對子路說：「你聽過六種品德與六種流弊的說法嗎？」子路回答說：「沒有。」

孔子說：「你坐下，我來告訴你。愛好行仁而不愛好學習，那種流弊就是愚昧上當；愛好明智而不愛好學習，

原文

子曰：「由也！女[ㄖㄨˇ]聞六言六蔽矣乎？」對曰：「未也。」

「居！吾語[ㄩˋ]女。好仁

那種流弊就是游談無根；愛好誠實而不愛好學習，那種流弊就是傷害自己；愛好直率而不愛好學習，那種流弊就是尖酸刻薄；愛好勇敢而不愛好學習，那種流弊就是胡作非為；愛好剛強而不愛好學習，那種流弊就是狂妄自大。」

孔子所說的六種品德是：行仁、明智、誠實、直率、勇敢、剛強。這是大家都肯定與推崇的。不過，關鍵在於「愛好學習」，亦即要明白如何做與為何做，並且要配合時空條件與相關對象。

強調修德行善時，孔子從未忽略學習的重要。經由學習，我們知道古往今來許多人物及故事，也懂得省思自己在特定處境中，如何以正確方式去實踐這六種美德。如果沒有學習，人生將是不堪設想的。

不好學，其蔽也愚；好知（ㄓˋ）不好學，其蔽也蕩；好信不好學，其蔽也賊；好直不好學，其蔽也絞；好勇不好學，其蔽也亂；好剛不好學，其蔽也狂。」

《論語．陽貨篇》

學習的關鍵——學、思結合

學習與思考必須配合，這是大家都知道的原則。孔子說得很清楚：「學習而不思考，則將毫無領悟；思考而不學習，就會陷於迷惑。」

先談迷惑的方面。如果光靠思考，所把握的對象只是個人的生活經驗以及從新聞中獲得的資訊。經驗與資訊都是局部的、片斷的，很難展現完整的面貌，結果使人越想越迷惑。孔子也曾作過實驗，他說：「我曾經整天不吃，整晚不睡，全部時間用於思考；可是沒有什麼益處，還不如去學習啊！」

學習的內容主要是老師的教導，以及對經典的研究。

原文

子曰：「學而不思則罔，思而不學則殆。」

《論語．為政篇》

注釋

罔：惘然。

殆：危險、不安。

原文

子曰：「吾嘗終日不食，終夜不寢，以思；無益，不如學也。」

《論語．衛靈公篇》

其中以系統理論較多，如果學生缺少自己的省思，則結果不但容易忘記，並且領悟有限，然後也將談不上應用了。關於思考，其實是人生一切作為所必須具備的。少了思考，生命陷於盲目的困境；把握住思考，人生的主動性必然隨之提升。

孔子說：「要成為君子，有九種考慮：看的時候，考慮是否明白；聽的時候，考慮是否清楚；臉上的表情，考慮是否溫和；容貌與態度，考慮是否莊重；說話的時候，考慮是否真誠；做事的時候，考慮是否敬業；遇到有疑問，考慮向人請教；臨到發怒時，考慮麻煩的後果；見到可欲的東西，考慮該不該得。」有了這九思，就不會犯什麼錯誤了。

原文

子曰：「君子有九思：視思明，聽思聰，色思溫，貌思恭，言思忠，事思敬，疑思問，忿思難，見得思義。」

《論語．季氏篇》

學習的關鍵——舉一反三

如果把教學分為啟發式與灌輸式二種，那麼偉大的老師都是採用啟發式的，孔子也不例外。但是，怎樣才算做到啟發式呢？

孔子說：「不到他努力想懂而懂不了，我不去開導；不到他努力想說而說不出，我不去引發。告訴他一個角落是如此，他不能隨之聯想到另外三個角落也是如此，我就不再多說了。」

由此可知，啟發並不是老師單方面的責任。學生沒有先「努力想懂而懂不了」，老師根本幫不上忙。接著，為什麼談到「努力想說而說不出」呢？因為學習的成效在於

原文

子曰：「不憤不啟，不悱不發。舉一隅不以三隅反，則不復也。」

《論語．述而篇》

注釋

憤：是指想懂而懂不了，心都快要生氣了。

悱：是指想說而說不出，臉都漲紅了。

懂了之後要表達出來，由學生用自己的話再說一遍。換言之，「啟」是使人獲得開導，好像突破盲點，領悟其中的要旨；「發」是使人獲得引發，找到適當的方式，可以表達自己的體認。

至於一與三，是就房間有四個角落而言。老師介紹了其中之一的情況，另外三者大同小異，就要靠學生自己去觀察與理解，然後再向老師回報心得。如果做不到這項要求，顯然太被動也太缺乏聯想力了。人生要學的東西太多了，我們受教育的目的之一，是培養自我學習的能力，以便終身都可以不斷地學習。別忘記，再偉大的老師，也需要學生主動的努力來配合。

學習的關鍵——主動積極

《尚書》有「為山九仞，功虧一簣」的話，意思是：要造一座六、七丈高的山，最後只差了一筐土而沒有成功。我們也許會想：造山怎麼會在乎少了一筐土呢？如果這種想法是對的，那麼能否再繼續想：少了二筐土呢？如此往下想，恐怕有山與沒山也差不多了。

孔子藉用這句古語，改成一句鼓勵學生的話。他說：「譬如堆土成山，只要再加一筐土就成功了，如果停下來，那是我自己停下來的。譬如在平地上，即使才倒了一筐土，如果繼續做，那也是我自己向前進的。」

孔子所強調的是主動精神。以學習來說，如果出於

原文

子曰：「譬如為山，未成一簣，止，吾止也。譬如平地，雖覆一簣，進，吾往也。」

《論語．子罕篇》

被動的態度，沒有父母或老師在旁督促，就心猿意馬，那麼成績會好嗎？在學期間，有考試與畢業的關卡，所以不得不用功，那麼離開學校之後呢？人生大多數時日都是沒有人在旁叮嚀要念書的，如果缺乏主動上進之心，那麼以前堆成的高山也將形同虛設。反之，如果具備主動的意志，即使環境再惡劣，從平地上也可以逐漸堆土成山。

山是個比喻，登上越高的山，可以望得越遠。求知就像登山，上山固然辛苦，但是在登到山頂望見寬闊的天地時，會覺得辛苦很值得。在求知上是如此，在德行修養上也是如此。成敗在於是否主動。

孔夫子如何教兒子？

陳亢請教伯魚說：「您在老師那兒聽過不同的教誨嗎？」

伯魚回答說：「沒有。他曾經一個人站在堂上，我恭敬地從庭前走過，他問：『學了《詩》嗎？』我答：『沒有。』他說：『不學《詩》，就沒有說話的憑藉。』我就馬上去學《詩》。另外一天，他又一個人站在堂上，我恭敬地從庭前走過，他問：『學了《禮》嗎？』我答：『沒有。』他說：『不學《禮》，就沒有立身處世的憑藉。』我就馬上去學《禮》。我聽到的是這兩件事。」

陳亢回去以後，高興地說：「我問一件事，卻知道

原文

陳亢(ㄍㄤ)問於伯魚曰：「子亦有異聞乎？」

對曰：「未也。嘗獨立，鯉趨而過庭。曰：『學詩乎？』對曰：『未也。』『不學詩，無以言。』鯉退而學詩。他日，又獨立，鯉趨而過庭，曰：『學禮乎？』對曰：『未也。』『不學禮，無以立。』鯉退而學禮。聞斯二者。」

了三件事：知道要學《詩》，知道要學《禮》，又知道君子對自己的兒子要保持適當的距離。」

陳亢是孔子的學生，他很想知道老師教導自己的兒子伯魚時，有沒有什麼家傳的祕笈，因此他請教伯魚說：「您在老師那兒聽過不同的教誨嗎？」

伯魚的回答中，特別提到兩句話，就是孔子所說的「不學詩，無以言」、「不學禮，無以立」。我們先就學《詩經》與說話來省思。「無以言」，是指沒有說話的憑藉，而不是指不能說話。說話需要什麼憑藉呢？

《詩經》中的文句除了表達真誠情感之外，還有典雅精緻的特色，可以朗朗上口；三百多篇的內容主旨涵蓋

陳亢退而喜曰：「問一得三，聞詩，聞禮，又聞君子之遠其子也。」

《論語．季氏篇》

注釋

孔鯉：字伯魚，孔子與亓官氏的兒子。

了人生的各個層面，可以助人找到適當的話題，進行良性的溝通與互動。並且，學詩將可潛移默化，使人變得溫柔敦厚，然後說話時較有分寸，自然受到別人的歡迎。

用今天的話來說，學詩就是廣泛閱讀文學作品。我們從這一類作品中，得知各種複雜的人生經驗、各國各地的風俗民情、各行各業的甘苦細節，不僅見聞廣增，心胸開闊，也更容易以平常心態看待周遭的一切。這時我們與人談話，不但了解別人的意思，體諒別人的處境，同時在表達自己的心意時，遣詞造句也都可以恰到好處，人際關係的品質自然也日益改善了。

讀詩、學禮、習樂這三者，是走上人生坦途所不可或缺的條件。這三者雖有先後之分，但彼此是相互為用、相與並行的。換言

之，孔子的意思不是說：一個人在年輕時讀詩，在中年時學禮，然後在晚年時習樂。這三種學習材料的作用不同，在人生的每個階段都有一定的效果。譬如，一位成年人讀詩，也可以提醒自己年少時期的真誠情感，重新啟發上進的意志；一位年輕人習樂，也可以孕生一種嚮往，盼望人間和諧安詳。

孔子辨教育，首重學生的志向，如果學生只求個人的未來發展，而忽略他對人群社會的關懷與責任，那麼孔子將會非常失望。志向由何而來，又因何而起？答案在於：讀詩。由於《詩經》的內容在展現真實的情感，學生只要誦讀再三，就會受到感動，體認個人與群體的深刻關係，進而立志要以自己的專長來為社會服務。

好學者的形象

孔子認為自己要比一般人更好學，他也認為學生裡面只有顏回稱得上是好學的。那麼，怎樣才算好學呢？

孔子說：「一個君子，飲食不求滿足，居住不求安適，辦事勤快而說話謹慎，主動向志行高尚的人請求教導指正。這樣可以稱得上是好學的人了。」

為什麼首先要談到飲食與居住呢？因為這兩者代表日常生活，是每天都會發生的需求。如果腦中想的都是這一類生活條件，甚至拿來與別人互相比較，又怎麼可能集中心思於學習上呢？反之，如果立志求學，感覺到自己每天都在知識及能力上有些長進，就不會在乎物質生活的需求了。

原文

子曰：「君子食無求飽，居無求安，敏於事而慎於言，就有道而正焉。可謂好學也已。」

《論語．學而篇》

其次，辦事勤快而說話謹慎。這是為了「在事上磨鍊」，因為任何理論與理想都可能陳義過高，流於空談。孔子從小就做過各種瑣碎的事情，也都能由此體會具體實行的重要。我們將來進入社會，是要靠說話來工作呢？還是要捲起袖子動手操作？

最後，要主動向志行高尚的人，請求教導及指正。沒有良師益友，人生少了一面鏡子，可能陷於錯誤而不自知。其實，我們在學校裡，就可以找到志行高尚的老師與同學。「主動」二字提醒我們要積極一些，聰明的人懂得創造好的形勢與機會。

2 名師和高徒激盪的火花

收服子路

孔子的學生大概可以分為四科，有十位最被他肯定，一般稱為「四科十哲」。「四科」的具體分類為：德行科，代表人物是顏淵、閔子騫、冉伯牛、仲弓；言語科，代表人物是宰我、子貢；政事科，代表人物是冉有、子路（又稱季路）；文學（文獻）科，代表人物是子游、子夏。第一流學生包括德行科和言語科；第二流學生包括政事科和文學科。

孔子所收的學生中，子路是很有特色的一位。他比

原文

德行：顏淵、閔子騫、冉伯牛、仲弓。言語：宰我、子貢。政事：冉有、季路。文學：子游、子夏。

《論語．先進篇》

孔子小九歲，年輕時就逞強好勇，在鄉里間闖出一些名聲。依孔子看來，這是鹵莽有餘而學問不足。

子路的裝扮很酷，只見他的頭上插著公雞羽毛，身上戴著公豬形飾物，腰間繫著一把長劍，好像是個行走江湖的俠士。他初次遇到孔子時，言詞無禮，態度粗野；但是孔子雍容大度，以禮相待，用教育的方式慢慢改變他，使他感覺慚愧。

過了一陣子，子路決定改穿體面的儒生服裝，也顯現了不同的氣質，因而請求做為孔子的門生。孔子問他喜歡什麼，他說喜歡舞弄長劍。

孔子說：「以你的條件，加上努力學習，一定會出人頭地。」

原文

「仲由，字子路，卞(ㄅㄧㄢˋ)人也。少孔子九歲。子路性鄙，好勇，志伉(ㄎㄤˋ)直，冠雄雞佩豭豚，陵暴孔子。孔子設禮，稍誘子路。子路後儒服委質，因門人請為弟子。」

《史記．仲尼弟子列傳》

注釋

伉直：剛直。

陵暴：欺侮凌辱。

子路問：「學習果真有益處嗎？」

孔子舉了許多例子說明學習的重要性。但是子路卻說：「南山的竹子，沒有人管它，照樣長得挺直；砍下當箭射，照樣能穿透犀牛皮。」

孔子說：「如果把砍下的竹子刮好，尾巴裝上羽毛，再把箭頭磨得鋒利，豈不是射得更深些？」子路聽了十分佩服，就拜在孔子門下，專攻軍事與政治。

「南山有竹」的比喻，說明一個人光靠天生的體型、力氣、聰明、才華，是不夠的。必須經過磨鍊、沉潛，尤其要有基本而專門的學識，才可成為真正的人才。我們不一定有緣遇到像孔子這樣的良師，但是只要用心學習，個個都可以成才。

當學生得意忘形時

子路年輕時，好勇鬥狠，粗野無禮。跟隨孔子之後，進步迅速。他聽了做人處事的道理，還未抵達能夠實踐的程度以前，就只怕自己又聽到新的道理。他希望可以知行合一，不過，在性格上畢竟是比較豪爽而衝動的。

他對朋友很講義氣。孔子問他有何志向時，他說：「我希望做到：把自己的車子、馬匹、衣服、棉袍，與朋友一起用，即使用壞了，都沒有一點遺憾。」他不只是說說而已。他真的設法去做，表現了慷慨好義的任俠精神。後來果真也有許多衣服借給朋友穿壞了，他拿回來照穿不誤。

原文

子路有聞，未之能行，惟恐有聞。

《論語．公冶長篇》

原文

子路曰：「願車、馬、衣、裘，與朋友共，敝之而無憾。」

《論語．公冶長篇》

注釋

敝：破的、舊的。

孔子看了很感動，就說：「穿著破舊的棉袍，與穿著狐貉皮裘的人站在一起，而不覺得慚愧的，大概就是子路吧？《詩經》上說：『不嫉妒，不貪求，怎麼會不好？』」

子路聽了，就經常念著這句詩。孔子說：「這樣固然是正途，但是還不夠好啊！」

子路對待朋友慷慨大方，他的表現確實可圈可點。一方面，他重視朋友遠超過物質財產，以致為了朋友而有所犧牲時，絲毫不覺得遺憾；另一方面，他知道人格尊嚴遠勝於名牌服飾，並且對自己深有信心，以致與有錢人站在一起時，絲毫不覺得慚愧。這真是坦蕩蕩的君子風度啊！

原文

子曰：「衣敝縕袍，與衣狐貉者立，而不恥者，其由也與？『不忮不求，何用不臧？』」子路終身誦之。子曰：「是道也，何足以臧？」

《論語．子罕篇》

注釋

衣：穿，當動詞用。

敝縕袍：破舊的棉袍。

忮：嫉妒。

臧：善。

錢財是身外之物，朋友是道義之交。朋友若有需要，我們伸出援手，即使耗費一些財物，也在所不惜。能以這種態度處理財物，才是財物的主人，不然成了守財奴，又談什麼交友之道呢？

「不忮不求，何用不臧？」是一句美好的肯定，也難怪子路整天掛在嘴邊。不過，孔子身為老師，總是看到學生的豐富潛能與更高成就，不希望學生因為自滿而鬆懈下來。人生之可貴，就在於無論我們如何努力，前面都還有更高的理想可以追求。

音樂成績欠佳的子路

子路以「好勇」知名，立志研究軍事與政治。不過，既然身為孔子學生，也須認真學習音樂。他在這一方面的表現並不理想。

孔子說：「子路所彈的這種瑟聲，怎麼會出現在我的門下呢？」其他的學生聽了這話就不尊重子路。

於是孔子說：「子路的修養已經登上大廳，只是還沒有進入深奧的內室而已。」

同樣一件樂器，有的人可以彈得出神入化，有的人則彈得不成曲調。這其間除了技術嫻熟的問題以外，還有興趣

原文

子曰：「由之瑟，奚為於丘之門？」門人不敬子路。子曰：「由也升堂矣，未入於室也。」

《論語．先進篇》

與愛好的程度差別。子路個性外向，喜歡行動甚於思考，彈起瑟來，難免輕率馬虎；即使專心用功，也會在瑟聲中流露出急躁衝動的意味。

孔子教學時，除了因材施教，也會注意調節學生的氣質，他原本希望子路可以藉著音樂的陶冶，修養天生的剛強個性，成為文武合一的人才，但是結果顯然不如預期。當其他學生看到子路受到責備就不再尊重他時，孔子特地出來說句公道話，強調子路已經達到可觀的成就，值得作為同學們的表率了。在學習的過程中，每個人都有自己的志趣與專長，我們在肯定自己時，別忘了欣賞別人的優點。我們由此也可體會孔子這位老師的智慧與用心。

最認真向學的高材生

顏回的年紀比孔子小了三十歲。最初，孔子對他的評價不高，認為「顏回不是幫助我的人，他對我所說的話沒有不滿意的。」孔子希望學生能夠學思並用，提出值得參考的見解，以便教學相長；但是顏回似乎對老師心悅誠服，沒有任何不同的意見，以致孔子誤以為他是愚笨的人。過了一段日子，孔子才發現真相。

孔子說：「我整天與顏回談話，他都沒有任何質疑，好像是個愚笨的人。離開教室以後，留意他私下的言語行為，卻也能夠發揮不少心得。顏回並不愚笨啊！」

原文

子曰：「回也，非助我者也，於吾言無所不說。」

《論語．先進篇》

原文

子曰：「吾與回言終日，不違如愚。退而省其私，亦足以發，回也不愚。」

《論語．為政篇》

孔子越來越覺得顏回的特別，忍不住說：「與他談話而從不顯得懈怠的，大概就是顏回吧！」他不但專心聽講，平時還努力實踐老師在道德方面的教訓。

孔子在顏回死後，很感嘆地說：「可惜他已經死了，我只看到他不斷地進步，沒有見到他停下來。」

魯哀公知道孔子教過許多學生，就問他誰最好學。孔子回答說：「有一個叫顏回的，愛好學習。他不把怒氣發洩在不相干的人身上，也從不再犯同樣的過錯。遺憾的是，他年歲不大，已經死了。現在沒有這樣的學生了，沒有聽說愛好學習的人了。」孔子以「不遷怒，不貳過」描述好學，表示好學與品德修養不可分開，而顏回做到了。

原文

子曰：「語之而不惰者，其回也與！」

《論語．子罕篇》

原文

子謂顏淵，曰：「惜乎，吾見其進也，未見其止也。」

《論語．子罕篇》

原文

哀公問：「弟子孰為好學？」孔子對曰：「有顏回者好學，不遷怒，不貳過。不幸短命死矣。今也則亡，未聞好學者也。」

《論語．雍也篇》

德行科的榜首

顏回在孔門十哲中，以德行表現最優秀，他天資聰穎又好學不倦，在知識方面的成就，遠超過一般的同學。有一次，孔子問子貢：「你和顏回二人，誰比較優秀？」

子貢回答說：「我怎麼敢和顏回相比？顏回聽到一個道理，可以領悟十個相關的道理；我聽到一個道理，只能領悟兩個相關的道理。」

孔子說：「是比不上，我與你都比不上。」

顏回的謙虛也是有目共睹的。曾參後來回憶一

原文

子謂子貢曰：「女（ㄖㄨˇ）與回也孰愈？」

對曰：「賜也何敢望回？回也聞一以知十，賜也聞一以知二。」

子曰：「弗如也，吾與女弗如也。」

《論語・公冶長篇》

段往事，談到顏回，說他是「自己有本事，卻去請教沒有本事的人；自己知識豐富，卻去請教知識有限的人；有學問卻像沒有學問，內心充實卻像空無一物，被人冒犯了也不計較。」

如果詢問顏回的志向，那麼答案還是德行修養。他說：「我希望做到：不誇耀自己的優點，不把勞苦的事推給別人。」簡單兩句話，所展現的是無私忘我。這也正是孔子所推崇的人生正途。

面對眾多學生，孔子知道有些人希望早日功成名就，有些人希望利用知識去謀生。孔子說：「顏回的心可以在相當長的時間內，不悖離人生正途；其餘的學生只能在短時間內做到這一步。」

原文

曾子曰：「以能問於不能，以多問於寡；有若無，實若虛，犯而不校；昔者吾友嘗從事於斯矣。」《論語．泰伯篇》

原文

顏淵曰：「願無伐善，無施勞。」《論語．公冶長篇》

原文

子曰：「回也，其心三月不違仁，其餘則日月至焉而已矣。」《論語．雍也篇》

注釋

三月：表示相當長的時間，約一個季節左右。

「仁」就是人生正途，以修養德行為首務。表面看來，這種工夫很辛苦，事實上其中充滿由內而發的快樂。顏回在困苦的環境中，可以「不改其樂」，其故在此。

教學相長之樂

《論語》中，有一則「教學相長」的例子。子夏在學習《詩經》時，特別用功，有不懂就向老師請教。他問：「『笑瞇瞇的臉真好看，滴溜溜的眼真漂亮，白色的衣服就已經光采耀目了。』這句詩是什麼意思？」

他的問題關鍵在於：為什麼「白色的衣服就已經光采耀目了」？孔子的回答是：「繪畫時，最後才上白色。」

日月：是指時間的短暫。在此指有的人堅持人生正途只一兩天，久一點的可堅持一兩個月，但都無法持久。

原文

子夏問曰：「『巧笑倩兮，美目盼兮，素以為絢兮。』何謂也？」子曰：「繪事後素。」子夏曰：「禮後乎？」子曰：「起予者商也。始可與言《詩》已矣。」
《論語・八佾篇》

這句話必須回到古代才可理解。古人所用的繪畫材料，作為底布的並非白色。於是，在繪畫時使用各種色彩，最後才上白色。白色看來是沒有顏色，但是它可以使原有的色彩清晰展現，顯得光采耀目。

子夏聽老師這麼說，立刻領悟了一個道理，他接著問：「那麼，禮是不是後來才產生的？」孔子說：「能夠帶給我啟發的，是子夏啊。現在可以與你談《詩》了。」

孔子為什麼如此稱讚子夏？因為子夏能聯想到：禮其實就像白色，本身沒有顏色，但卻可以把原先所上的色彩全部凸顯出來。意思是：人的真實情感本是美好的，但是經由禮的調節，才可以充分顯示其光彩。

換言之，人要以真實情感為主，再以禮儀為輔。不可本末倒置，在學會禮儀之後，忘記了內在的真情。「巧笑倩兮，美目盼兮」代表麗質天生，別忘了我們的人性也是麗質天生的啊！

樊遲三問仁

學生時常請教孔子，究竟什麼是行仁。在《論語》中，樊遲三次發問，所得的答案都不同。這顯示孔子是因材施教，並且還會與時推移，按照學生在不同階段的表現而提供指引。

孔子如何回答樊遲呢？答案之一是：「愛護別人」；之二是：「先努力辛苦耕耘，然後才收穫成果」；之三

原文

樊遲問仁。子曰：「愛人。」

《論語．顏淵篇》

是：「平時態度莊重，工作認真負責，與人交往真誠。」即使到了偏遠的落後地區，也不能沒有這幾種德行。

我們一再把「仁」譯為「行仁」，因為它的含意是動態的，涉及選擇人生正途。孔子希望樊遲以「愛護別人」為大原則，如此可以逐漸化解人我之間的隔閡。其次，先付出再求回饋，無異要求自己主動盡責，做好該做的事，如此不會招來怨尤。然後，像「莊重、認真、真誠」這些德行都是孔子反覆強調的。

仁是指人生正途，行仁的祕訣並不複雜，就是要懂得如何與人相處。只要以真誠之心愛護別人，凡事只問耕耘而不計較收穫，然後再謹守分寸，言行合乎禮的規範，那麼在任何地方都會受到歡迎的。我們可以按照自己的需

原文

樊遲……問仁。子曰：「仁者先難而後獲，可謂仁矣。」

《論語．雍也篇》

原文

樊遲問仁。子曰：「居處恭，執事敬，與人忠。雖之夷狄，不可棄也。」

《論語．子路篇》

要，擷取孔子的忠告。

教育家的心胸

有一次，孔子帶領弟子們來到互鄉。互鄉的民風較為保守，對外來的人不太友善，連說話溝通都不容易。這時有一個少年請見孔子，孔子居然接見了，弟子們覺得困惑。

弟子們困惑的原因，可能有兩點：一是當地百姓難以溝通，孔子沒有必要接見這位少年；二是這位少年未滿十五歲，沒有到行束脩的年齡，而孔子不是說過「從十五歲以上的人，我是沒有不教導的」嗎？

孔子為弟子們解惑時，說：「我是贊成他上進，不希望

原文

互鄉難與言，童子見，門人惑。子曰：「與其進也，不與其退也，唯何甚？人潔己以進，與其潔也，不保其往也。」

《論語．述而篇》

他退步，又何必過度苛責？別人修飾整潔來找我，我就嘉許他整潔的一面，不去追究他過去的作為。」他不考慮這位少年的出身背景，甚至不計較少年是否達到適合學習的年紀，照樣接見一談，給予必要的開導。

孔子自己年輕時，到處向人請教學習，由此獲益良多。他總是希望看到別人努力上進，而不願意有任何人，尤其是青少年，退步墮落，浪費了寶貴的生命，甚至構成社會的負擔及災難。至於「不去追究他過去的作為」，是說任何人只要有心改過遷善，都會得到孔子的肯定與支持。

在成長的路上，犯錯是難免的。不論那是出於無知或由於衝動，都不必計較了。重要的是，給自己機會，重新開始。記取教訓，走向未來。

愛逞口才的宰予

宰予是一位反應機敏、口才出眾的學生。他喜歡質疑老師的說法，有時逾越了分寸。譬如，他聽到老師推崇仁者，就貿然請教說：「行仁的人，若是告訴他『井裡有仁可取』，他是否跟著跳下去呢？」

孔子說：「他怎麼會這麼做呢？對一個君子來說，你可以讓他過去，卻不能讓他跳井；你可以欺騙他井裡有仁可取，卻不能誣賴他分辨不了道理。」由此可見，宰予的提問缺乏深思熟慮。

他很會說話，使孔子相信他在認真修德。後來大家都知道他在白天也找機會睡覺。古人的生活習慣

原文

宰我問曰：「仁者，雖告之曰『井有仁焉』，其從之也？」子曰：「何為其然也。君子可逝也，不可陷也；可欺也，不可罔也。」

《論語．雍也篇》

是「日出而作，日入而息」，除非生病，白天不能進寢室。孔子很不高興，就說：「腐朽的木頭沒有辦法用來雕刻，廢土砌成的牆壁沒有辦法塗得平滑。我對予有什麼好責怪的呢？」稍後又說：「過去我對待別人，聽到他的說法，就相信他的行為；現在我對待別人，聽到他的說法，卻要觀察他的行為。我是看到予的例子，才改變態度的。」

我們常說的「聽其言而觀其行」，出處就在這裡，而主角就是宰予。一個人光靠聰明是不夠的，做人處事最重要的是誠心。寧可少說多做，而不要說得太美好，最後根本做不到。有誠心，就會腳踏實地，而不會逞弄口才，與人做無益的爭論。

原文

宰予晝寢。子曰：「朽木不可雕也，糞土之牆不可杇也。於予與何誅？」

子曰：「始吾於人也，聽其言而信其行；今吾於人也，聽其言而觀其行。於予與改是。」

《論語・公冶長篇》

注釋

誅：責怪。「於予與何誅」，意指對宰予不必再責怪，因他不可再教誨了。

於予與改是：是指孔子因宰予而改變此態度。是，是指上文的「聽其言而信其行」。

宰予：又稱宰我，字子我。善於辯論與外交辭令。

教訓學生的方式

在儒家的教育方法中，有一種是以不教為教。譬如，一位學生犯了錯，希望求得老師的諒解，老師可以接見他，鼓勵他改過遷善；老師也可以不接見他，讓他自己知道事態嚴重，必須趕快謀求補救之道。學生發現老師「竟然」不肯相見，亦即老師對自己的所作所為無話可勸，那麼何不回去以具體的行動證明自己知過能改呢？《論語》中，就有一段相關的資料。

孺悲來了，要拜訪孔子，孔子託言有病，拒絕見他。傳命的人一走出房間，孔子就取出瑟來邊彈邊唱，讓孺悲

可以聽到。

孺悲曾向孔子學禮，他這一次犯了什麼錯以致孔子不願接見他，目前尚無確實的說法，因此我們不得而知。我們所知的，是孔子先說有病不宜相見，然後又取出瑟來彈唱，有意讓孺悲知道自己其實沒病，而是「故意」不接見他。孺悲當然立即察覺孔子的心意，然後就須深切反省了。

孔子「取瑟而歌」，但是《論語》並未指出所唱的是哪一首歌，不然我們就有更多線索，可以猜測孔子對孺悲的期許了。樂曲可以抒情，也可以傳意，在孔子手中，還可以用來作為教育的工具。

原文

孺悲欲見孔子，孔子辭以疾。將命者出戶，取瑟而歌，使之聞之。

《論語．陽貨篇》

注釋

將命者：傳話的人。將命，奉命、傳命。

子游實踐所學，夫子莞爾而笑

孔子的學生子游，姓言名偃，是文學科的傑出學生。子游以嫻熟禮樂見稱，並將禮樂教育施行於百姓。他曾擔任魯國武城的縣長。孔子到武城時，聽到彈琴唱詩的聲音。孔子微微一笑，說：「殺雞何必要用宰牛的刀？」

子游回答說：「以前我聽老師說過：『做官的學習人生道理，就會愛護眾人；老百姓學習人生道理，就容易服從政令。』」

孔子接著向學生們說：「各位同學，子游說的話是對的，我剛才只是同他開玩笑啊！」

這一段故事告訴我們：一，孔子認為「弦歌之聲」

原文

子之武城，聞弦歌之聲。夫子莞爾而笑，曰：「割雞焉用牛刀？」

子游對曰：「昔者，偃也聞諸夫子曰：『君子學道則愛人，小人學道則易使也。』」

子曰：「二三子！偃之言是也。前言戲之耳。」

《論語・陽貨篇》

應該用來教導做官的人，並且可以用來治理國家。二，子游擔任武城縣長時，以此教導百姓，因為好的教化將使百姓容易服從政令，謀求共同的福祉。三，子游口中的「道」，是指彈琴唱詩的內容，也就是《詩經》；至於搭配的樂曲及唱腔，則是理想而有效的方法。

由於子游說得很有道理，孔子就公開表示自己是在開玩笑。師生之間的互動，是既親切又活潑的。事實上，在整部《論語》中，孔子唯一「莞爾而笑」的一次，就是此處。他眼見學生能夠學以致用，並且認真教育百姓，心中的快樂是不可言喻的。老師的最大安慰，就是看到學生學習有成，還可推己及人。至於學生是否成大功立大業，則是機緣問題，不必也不能強求。

讓孔子失望的冉求

孔子有一位多才多藝的學生，名叫冉求。冉求的行政能力很強，得到長官的重用。他擔任魯國執政大夫季氏的家臣時，努力為他聚集收斂財富，孔子對此非常不滿，公開聲明：「冉求不是我的同道，同學們可以敲著大鼓去批判他。」

冉求也許自覺委屈，特地向老師說明：「我不是不喜歡老師的人生觀，只是我的力量不夠。」孔子說：「力量不夠的人，走到半路才會放棄。現在你卻是畫地自限。」

所謂「畫地自限」，就是做官時只知奉承上

原文

季氏富於周公，而求也為之聚斂而附益之。子曰：「非吾徒也。小子鳴鼓而攻之可也。」

《論語．先進篇》

注釋

周公：是指周公後代的魯君。當時魯國的國君勢力衰弱，政權被三家大夫所把持，其中以季氏的權勢最大。

原文

冉求曰：「非不說(ㄩㄝˋ)子之道，力不足也。」子曰：「力不足者，中道而廢，今女(ㄖㄨˇ)畫。」

《論語．雍也篇》

意，而不問一件事該不該做。譬如，季氏身為大夫，卻要去祭祀只有天子與諸侯才有資格祭祀的泰山。孔子對冉求說：「你不能阻止他嗎？」冉求的回答是「不能」。孔子感嘆地說：「嗚呼，難道你們認為泰山之神不像林放一樣懂得禮嗎？」

後來季氏要出兵攻打顓臾，孔子又提醒冉求要設法阻止，所得的回答還是「不能」。

這一次，孔子教訓他了。孔子說：「周任說過一句話：『能夠貢獻力量，才去就任職位；做不到的人就下臺。』看到盲者遇到危險而不去保護，快要摔倒而不去扶持，那麼這樣的助手又有什麼用呢？你的話真是說錯了。老虎與野牛逃出

原文

季氏旅於泰山。子謂冉有曰：「女弗能救與？」對曰：「不能。」子曰：「嗚呼，曾謂泰山不如林放乎？」

《論語．八佾篇》

注釋

旅：祭祀的名稱。

冉求：又稱冉有，字子有。

救：制止、阻止。

林放：是孔子的學生，曾向孔子請教禮的根本道理。

原文

子曰：「求！周任有言曰：『陳力就列，不能者止。』危而不持，顛而不扶，則將焉用彼相矣？且爾

了柵欄，龜殼與美玉在櫃子裡毀壞了，這是誰的過失呢？」做官是要幫助君主的，如果一味順從而不能堅持任何原則與理想，就不能算是孔子的學生了。

愛比較的子貢

子貢比孔子小三十一歲，機智過人，口才甚佳。春秋時代各國之間的外交關係十分複雜，許多問題要靠口才來解決。但是，口才不只是伶牙俐齒，賣弄小聰明而已，它的條件是豐富的知識與敏銳的反應。

在求學期間，子貢喜歡批評別人的思想與行為。孔子聽到了傳言，就說：「子貢自己已經很傑出了

言過矣，虎兕出於柙，龜玉毀於櫝中，是誰之過與？」

《論語・季氏篇》

注釋

周任：古代的一位史官。

原文

子貢方人。子曰：「賜也賢乎哉？夫我則不暇。」

《論語・憲問篇》

注釋

方：即評論，也就是比對。

嗎？要是我，就沒有這麼空閒。」孔子不直說子貢不應該批評，反而以自己為例，與其批評別人高低，不如自我要求。

子貢從此比較謹言慎行，用心於念書與思考，並且經常主動請教老師。但是他一時改不了喜歡比較的習慣，曾請教老師：「子張與子夏二人，誰比較傑出？」孔子說：「子張的言行過於急進，子夏則稍嫌不足。」子貢說：「那麼，子張要好一些嗎？」孔子說：「過度與不足，同樣都不好。」

經過幾年的努力，子貢對事情的看法與判斷，既合理又通達，如果要從政，一定可以勝任。不僅如

原文

子貢問：「師與商也孰賢？」子曰：「師也過，商也不及。」曰：「然則師愈與？」子曰：「過猶不及。」

《論語・先進篇》

注釋

師：即顓孫師，也就是子張。
愈：勝過、高明。
猶：如同。

原文

子曰：「……賜不受命而貨殖焉，億則屢中。」

《論語・先進篇》

此，他還有商業頭腦，孔子這樣說他：「子貢不受官府之命約束，自行經營生意，猜測漲跌常常準確。」

子貢在賺錢的同時，也沒有忘記修德。他曾立志：「我不願意別人加在我身上的，我也但願自己不要加在別人身上。」孔子說：「子貢，這還不是你做得到的。」雖不能至，心嚮往之。有了正確的目標，人生之路也將越走越寬。

原文

子貢曰：「我不欲人之加諸我也，吾亦欲無加諸人。」子曰：「賜也，非爾所及也。」

《論語．公冶長篇》

精采的教學實例

子貢說：「貧窮而不諂媚，富有而不驕傲，這樣的表現如何？」

孔子說：「還可以。但是比不上貧窮而樂於行道，富有

原文

子貢曰：「貧而無諂，富而無驕，何如？」

而崇尚禮儀的人。」

子貢說：「《詩經》上說：『就像修整骨角與玉石，要不斷切磋琢磨，精益求精。』這就是您所說的意思吧？」

孔子說：「賜呀！現在可以與你討論《詩經》了！告訴你一件事，你可以自行發揮，領悟另一件事。」

子貢對貧與富的看法，已經頗有見地；孔子進一步提出更積極的作為，就是「貧而樂道，富而好禮」。接著，子貢立即想起自己念過的詩，其中有「如切如磋，如琢如磨」一語，表示精益求精，追求完美之意。

從字面上看，這首詩是描寫「修整骨角與玉石」，子貢卻能聯想到人生的實際狀況，體認了消極的「不做（無諂，

子曰：「可也。未若貧而樂道，富而好禮者也。」

子貢曰：「《詩》云：『如切如磋，如琢如磨。』其斯之謂與？」

子曰：「賜也，始可與言《詩》已矣！告諸往而知來者。」

《論語．學而篇》

無驕）」，可以轉化提升為積極的作為。他不僅得到孔子的稱讚，也增加了對人生的理解。

這件個案是孔子教學的實例之一。他鼓勵學生發揮聯想力，並學會舉一反三。子貢獲得孔子的肯定，我們也學到了讀書方法。

鼓勵人才貢獻社會

子貢學詩時，懂得舉一反三，進行推理聯想，得到孔子的讚許。他對禮制很下工夫，引用古代資料也能得心應手。有一次，他主動詢問老師：「我的表現如何呢？」孔子說：「你是一種器具。」他再問：「什麼器具呢？」孔

原文

子貢問曰：「賜也何如？」子曰：「女器也。」曰：「何器也？」曰：「瑚璉也。」

《論語・公冶長篇》

子說：「是宗廟裡面貴重的瑚璉。」瑚璉是祭祀時用來盛黍稷的用品，表示子貢可以成為政府的重要官員。

子貢跟隨孔子出生入死，增長了許多見識。有一次，孔子一行人經過蒲城，正好遇到公叔氏占據蒲城反叛衛國，蒲人為了不讓孔子前去衛國，遂將他們阻擋起來。孔子在脅迫下與蒲人訂下盟誓，答應不再回到衛國。但是他們一離開蒲城，孔子就命大家立刻趕去衛國。子貢好奇地問：「難道可以違背盟誓嗎？」孔子說：「被脅迫所訂下的盟誓，神明是不會聽的。」我們應該堅持的是大信大義。孔子的學生中，在政治上表現最佳的正是子貢。

魯哀公時，齊國有意攻打魯國，情勢十分危急。孔子特地派子貢遊說各國，成績斐然。他居然做到了「存魯，

原文

蒲人懼，謂孔子曰：「苟毋適衛，吾出子。」與之盟，出孔子東門。孔子遂適衛。子貢曰：「盟可免邪？」孔子曰：「要盟也，神不聽。」

《史記・孔子世家》

亂齊，破吳，強晉，霸越」，十年之中，這五國的命運各有重大變化。這些都是子貢的口才與外交手腕所造成的結果。當然，他做生意累積的財富也發揮了作用。他到每一國，國君都要與他分庭抗禮，就是以賓主之禮表示高度的尊重。我們在子貢身上，看到學以致用的示範，也肯定了儒家思想對世間的積極貢獻。

如果老師只能帶一個學生

子路的抱負是從政，想要藉此服務百姓、貢獻國家。他對自己深具信心，他說：「一千輛兵車的國家，夾處在幾個大國之間，外面有軍隊侵犯，國內又碰上饑荒；如果

原文

故子貢一出，存魯，亂齊，破吳，強晉而霸越。子貢一使，使勢相破，十年之中，五國各有變。

《史記・仲尼弟子列傳》

原文

子路率爾而對曰：「千乘之國，攝乎大國之間，加之以師旅，因

讓我來治理，只要三年，就可以使百姓變得勇敢，並且明白道理。」

子路勇敢而果決，從政自然沒有問題。但是，人間的事情不是光靠勇敢就可以應付的。有一次，子路主動請教老師說：「老師率領軍隊的話，要找誰同去？」他心中想的當然是自己，因為他對帶兵作戰頗有研究。

結果呢？孔子這樣回答他：「空手打虎，徒步過河，這樣死了都不後悔的人，我是不與他同去的。一定要找同去的人，那就是面對任務戒慎恐懼，仔細籌畫以求成功的人。」這段話正好是針對子路的缺點所說的，希望他不要莽撞行事，而要多用思考，成功做好每一件事。

有一次，孔子感嘆：「我的理想沒有機會實行，乾脆乘著木筏到海外去。跟隨我的，大概就是子路吧？」子

之以饑饉；由也為之，比及三年，可使有勇，且知方也。」

《論語．先進篇》

注釋

率爾：輕率、急遽。率爾而對，立刻回答。

原文

子路曰：「子行三軍則誰與？」

子曰：「暴虎馮河，死而無悔者，吾不與也。必也臨事而懼，好謀而成者也。」

《論語．述而篇》

路聽了喜形於色。孔子說：「子路啊！你愛好勇敢超過了我，但是沒有地方可以找到適用的木材啊！」

孔子的感嘆，是因為他早已發現，他不是不願意做官，而是沒有人任用他。當時的百姓一定要文武全才，還要有人提拔，才有機會做官。他的理想沒有機會實現，當然覺得遺憾，所以想要離開魯國，遠赴較偏僻、落後的海外去。因為要乘桴浮於海，「桴」一定要用特別的木材來造，以免到了海上反而造成海難。

這段話看得出孔子對子路的肯定，而子路的反應也顯現他對老師的敬愛與忠誠。由於子路聽了就喜形於色，所以孔子才馬上提醒他「好勇過我，無所取材」，木筏與木材都是比喻之詞，孔子只是抒發感慨而已。

原文

子曰：「道不行，乘桴浮於海。從我者，其由與？」子路聞之，喜。

子曰：「由也，好勇過我，無所取材。」

《論語．公冶長篇》

師生間的衝突

孔子說：「自從子路成為我的學生以後，沒有再聽到別人對我的惡意抨擊了。」這是因為子路對老師十分敬愛，聽到有人批評老師，立刻起而辯護，即使動手相向也在所不惜。他不是盲目的維護，而是親身體會了老師的人格與精神。

子路比孔子小九歲，是同學中年紀較大的。他的個性豪爽，有話直說，如果覺得老師的作為有問題，也會表現出不滿。

有一次，孔子抵達衛國，衛靈公的夫人南子正式邀請孔子相見。南子雖是國君夫人，但是名聲不佳，並且沒有任用孔子的誠意，只是想藉此作秀，讓別人以為她對孔子

原文

故孔子曰：「自吾得由，惡言不聞於耳。」

《史記．仲尼弟子列傳》

很禮遇。這一次晤面之後，靈公與南子還讓孔子的馬車尾隨在他們的座車之後，招搖過市，讓大家都看到這一幕。

子路是疾惡如仇的人，對於老師的妥協態度不以為然，氣憤難平。孔子因而發誓說：「我如果做得不對的話，讓天來厭棄我吧！讓天來厭棄我吧！」

孔子的辯白特別強調他是依禮而行，因為客人沒有理由拒絕國君夫人的正式約見，至於這位夫人的存心與名聲，則不在考慮之列。彼此依禮而行，但並不表示孔子妥協或順服。

孔子發誓時，以天為其訴求對象，正好表明了他所信仰的是天。他要負責的，是自己的言行必須符合天命的要求。只要做到這一點，別人的誤會其實是不難化解的。

原文

子見南子，子路不說（ㄩㄝˋ）。夫子矢（ㄕˇ）之曰：「予所否者，天厭之！天厭之！」

《論語．雍也篇》

孔子帶領弟子周遊列國時，曾在陳國沒有糧食充飢，跟隨他的人都病倒了，沒有辦法起床。

子路帶著怒氣來見孔子，說：「君子也有走投無路的時候嗎？」

孔子說：「君子走投無路時，仍然堅持原則；換了是小人，就胡作非為了。」

事實上，不論孔子如何窮困，子路都堅定地追隨左右。

遺憾的是，子路後來在衛國從政，參加內戰，不幸慘死。子路臨死前，繫在頭上的帽纓也被砍斷了，他把斷落的帽纓繫好，以保持「君子死，冠不免」的禮儀要求。孔子聽到子路的死訊，痛哭失聲，喊著：「這是天喪我啊！這是天喪我啊！」

原文

在陳絕糧，從者病，莫能興。

子路慍見曰：「君子亦有窮乎？」

子曰：「君子固窮，小人窮斯濫矣！」

《論語．衛靈公篇》

3 價值判斷——怎麼看優劣、對錯？

大家都說好，就是好嗎？

在任何團體中，都會有相互的評價，久而久之形成刻板印象，大家就會以為某些人是好人，而另一些人則是壞人了。事實上，真是如此嗎？

孔子說：「大家討厭的人，我們一定要仔細考察才作判斷；大家喜歡的人，我們也一定要仔細考察才作判斷。」因此，不可人云亦云，以免冤枉了好人，而縱容了壞人。自己尚未仔細考察，就不要妄下判斷。

原文

子曰：「眾惡（ㄨˋ）之，必察焉；眾好（ㄏㄠˋ）之，必察焉。」

《論語・衛靈公篇》

《論語》還有一段類似的資料。

子貢請教說：「全鄉的人都喜歡他，這樣的人怎麼樣？」

孔子說：「並不可取。」

子貢再問：「全鄉的人都討厭他，這樣的人怎麼樣？」

孔子說：「也不可取。比較可取的是，全鄉的好人都喜歡他，壞人都討厭他。」

因此，被人喜歡，不必高興；被人討厭，也不必難過。要看是否被好人喜歡，以及被壞人討厭。不過，如何分辨誰是好人、誰是壞人呢？古代是農業社會，人們安土

原文

子貢問曰：「鄉人皆好之，何如？」

子曰：「未可也。」

「鄉人皆惡之，何如？」

子曰：「未可也；不如鄉人之善者好之，其不善者惡之。」

《論語．子路篇》

重遷，全鄉的人彼此容易得到共識，所以可以分辨好人與壞人。今日工商社會，我們與其相信傳言或輿論，不如相信自己的經驗與體認。無論如何，在判斷別人好壞之前，要多方觀察，考慮清楚。

怎樣才是直爽的人？

「直爽」是指真誠而坦白。真誠的人，心中不存複雜的念頭；坦白的人，實話實說，既不虛偽也不矯飾。

孔子說：「誰說微生高直爽？有人向他要一點醋，他去向鄰居要來給人。」

微生高，姓微生，名高。一般人都認為微生高很直爽，

原文

子曰：「孰謂微生高直？或乞醯焉，乞諸其鄰而與之。」

《論語．公冶長篇》

但孔子以生活實例，表達不以為然。微生高的作法其實並不少見，他的目的原本也是想幫助別人。問題在於：他為什麼不坦白說明自己家裡沒有醋呢？或者，他可以介紹鄰居給人認識，再由他們去商量借醋之事。

因此，微生高很可能心中產生複雜的念頭，就是希望別人稱許他慷慨大方，而事實上他是「慷鄰居之慨」。也許有人以為孔子小題大作，用借醋這種小事來批評別人。不過，別忘了見微知著的道理。任何事情，不能以大小論，只能問應不應該。三國時代的劉備勸誡兒子時，說：「勿以惡小而為之，勿以善小而不為。」這是十分正確的觀點。許多人積小惡為大惡，就是因為疏忽了這一點。

孔子還有一個用意，就是提醒我們「名副其實」。既然大家都說微生高直爽，那麼微生高是否真的稱得上直爽？若不澄清這一點，很可能大家都會忽略：直爽必須由自己起心動念之處去反省。只有真誠而坦白的人，才可以說是直爽。

志向不高，可以嗎？

孔子對於學生的志向，通常都是鼓勵他們「各言爾志」，而不會明確加以指導。因為志向是個人起心動念，自覺該去努力的目標，如果老師有不同意見，學生未必可以理解也未必願意接受。

不過，孔子有一次公開肯定說：「我欣賞曾點的志向

啊！」曾點有什麼志向呢？他說：「暮春三月時，春天的衣服早就穿上了，我陪同五、六個成年人，六、七個小孩子，到沂水邊洗洗澡，在舞雩臺上吹吹風，然後一路唱著歌回家。」

這種志向的特色在於：配合天時（暮春）、地利（沂水、舞雩臺）、人和（冠者五六人，童子六七人），然後隨遇而安，自得其樂。

別的學生大都以從政為志向，希望以自己的專長為社會服務，譬如成為政治家、軍事家、外交家等；也有的學生立志有情有義，無私忘我，尋求人格的提升與成全。

原文

……（曾點）曰：「莫(ㄇㄨˋ)春者，春服既成，冠者五六人，童子六七人，浴乎沂，風乎舞雩(ㄩˊ)，詠而歸。」夫子喟而嘆曰：「吾與點也！」……

《論語・先進篇》

只有曾點最特別，但是卻獲得孔子的稱許。我們由此得知孔子的心意，就是：人生固然必須投入社會、發揮抱負，也需要進德修業、努力上進；然而，最基本的心態應該是配合天時、地利、人和，讓自己得到安頓。如果快樂不是操之於己，又怎能承受志向所帶來的壓力呢？

追求富貴好嗎？

人類社會的存在及發展，自古即有富貴與貧賤之分，這是無可奈何的事實。正因為人人追求富貴而屏棄貧賤，才使社會得以不斷進步與繁榮。但是，為了達到目的，可以不擇手段嗎？

孔子說：「富有與尊貴，是每一個人都想要的；如果不依正當的途徑加於君子身上，他是不會接受的。貧窮與卑微，是每一個人都討厭的；如果不依正當的途徑加於君子身上，他是不會逃避的。」在此，孔子明白指出「正當途徑」的必要性。但是，為何對富貴「不會接受」，而對貧賤卻「不會逃避」呢？這是因為貧賤使人受到委屈，因而正是砥礪志節的良機。

真正重要的是孔子接著所說的：「君子如果離開了人生正途，憑什麼成就他的名聲？君子不會有片刻的時間脫離人生正途，在匆忙急迫時堅持如此，在危險困頓時也堅持如此。」

由此可知，君子要以行仁來成就其名聲，這是他一

原文

子曰：「富與貴，是人之所欲也；不以其道得之，不處也。貧與賤，是人之所惡也；不以其道得之，不去也。君子去仁，惡乎成名？君子無終食之間違仁，造次必於是，顛沛必於是。」

《論語・里仁篇》

注釋

惡乎成名：如何能成就好名聲？惡，如何、怎麼。

終食：吃完一頓飯，是指片刻的時間。

生的關懷所在，無論處在何種情境下皆不會改變初衷。上述整段話展現了孔子的立場，對於富貴與貧賤，最好順其自然，隨遇而安；但是必須堅持正當途徑，並且最高目標在於行仁。

「以德報怨」不對嗎？

孔子曾經向老子請教禮儀方面的知識。老子不但精通禮儀，並且發展出道家思想，想要讓一切事物回歸於原始的和諧狀態。當時，許多人知道老子主張「以德報怨」，因為這樣才可以平息後續的紛爭。但是，一般人做得到嗎？孔子有不同的見解，認為還是要以真誠為主。

有人說：「以恩惠來回應怨恨，這樣如何？」孔子說：

「那麼要以什麼來回應恩惠呢？應該以正直來回應怨恨，以恩惠來回應恩惠。」

譬如，張三對我不好，而我對他很好；那麼，李四對我好的話，我要怎麼對待他呢？如果我對二者都很好，那麼李四何必對我好呢？這裡的問題是：不公平。你對我好，我也對你好，這是公平，並且合乎人性的要求。但是，是否可以「以怨報怨」呢？你對我不仁，我就對你不義，可以嗎？

孔子認為，應該「以直報怨」。直是正直，包括真誠的心意與正當的手段。你對我不好，我可以訴諸法律或輿論，請求公正的回應，而不必惡言相向。換句話說，我們在社會上，不但對好人要真誠，對壞人也要真誠。所謂對壞人要真誠，就是要以合法而公正的方式，使他得到應有的懲罰，而切忌意氣

原文

或曰：「以德報怨，何如？」子曰：「何以報德？以直報怨，以德報德。」

《論語．憲問篇》

用事，造成更深的怨恨。孔子的主張，合乎社會生活現狀的要求。

逢廟必拜，不好嗎？

一般人在遭遇困難的時候，總是希望得到支援。如果在世間走投無路，自然會向鬼神禱告，期待獲得來自靈界的助佑。鬼神在古代人心目中，代表擁有特殊力量的領域。譬如，「鬼」就包括祖先在內，於情於理都應該會照顧後代子孫。

子孫定期向祖先舉行祭祀，則是禮制的規定，用以表現孝思，並且保持淳厚的風俗。現在，問題來了，有些人大

概是擔心自己的祖先力量不夠，於是轉而祭拜別人（如富貴之家）的祖先。

孔子說：「不屬於自己應該祭祀的鬼神，若是去祭祀，就是諂媚。看到該做的事而沒有採取行動，就是懦弱。」換言之，對眼前的富貴之人示好，固然是諂媚；但是，對較有權勢的鬼神祭祀，也是出於諂媚的心態。祭祀是信仰方面的活動，如果信仰也淪為功利實用的考量，人又怎麼願意認真承擔自己的責任呢？

孔子談到鬼神時，總是不忘提醒人們：要有勇氣面對現實的挑戰，努力做好自己該做的事。一個怯懦無勇的人，再怎麼向鬼神祭祀，也無法解決眼前的難題。與其諂媚鬼神，不如鼓起勇氣，接受考驗。

原文

子曰：「非其鬼而祭之，諂也。見義不為，無勇也。」

《論語．為政篇》

怎麼看改朝換代？

孔子的祖先來自宋國，而宋國是商朝的後裔所居之地。換言之，在周朝革命成功、取代商朝之後，宋國人難免會有國破家亡的遺民感受。孔子在出生時，雖然已是魯國人，但是他並未忘記自己的先祖是商朝的後代，那麼，他會不會因而排斥周朝的文化呢？

孔子說：「周朝的禮教制度參酌了夏朝與商朝二代，形成了多麼燦爛可觀的文化啊！我是遵從周朝的。」

孔子說：「我實在太衰老了，竟然很久都沒有夢見周公了。」

原文

子曰：「周監ㄐㄧㄢˋ於二代，郁郁乎文哉！吾從周。」

《論語・八佾篇》

注釋

監：借鏡。通「鑒」。

原文

子曰：「其矣吾衰也，久矣，吾不復夢見周公。」

《論語・述而篇》

周公制禮作樂，在周朝初年奠定了國家的文化基礎。他兼取夏、商二代之優點，使文化的發展更為完備。簡單說來，周公結合德治與禮治，把教育與政治當成一體之兩面，甚至把國家當成一所大的學校來辦，他的目標是希望百姓在生活不虞匱乏時，可以講信修睦，學習成長，以禮來規範行為，以樂來調和情感；讓每一個人都有機會發揮才幹，並且讓整個社會充滿人道關懷與人文精神。《禮記．禮運》所宣揚的：「大道之行也，天下為公。」就是最好的寫照。孔子崇拜周公，顯然是合理的。

孔子在緬懷故國故鄉的先祖時，知道時代的巨輪往前推進，在文化上也應該推陳出新，他要問的是何者較善，而不是血緣或地緣的親疏啊！

大家批評管仲，夫子為何讚許他？

春秋初期，周天子勢力衰微，諸侯各自為政。齊襄公死後，兩個弟弟公子糾與小白爭立，各有一批擁護者。管仲與召忽支持公子糾，鮑叔牙支持小白。後來小白即位，成為齊桓公；公子糾失敗被殺後，召忽自殺，但是管仲不但沒有自殺，反而由於鮑叔牙強力推薦，以及齊桓公的寬宏大量，當上齊國的宰相。

管仲幫助桓公成為春秋五霸的第一霸，功業彪炳；不過他在品德上有不少瑕疵，因此招致後代的人們批評。

子路認為：「齊桓公殺了公子糾，召忽為此而自

原文

子路曰：「桓公殺公子糾，召忽死之，管仲不死。」曰：「未仁乎？」

子曰：「桓公九合諸侯，不以兵車，管仲之力也。如其仁，如其仁。」

《論語．憲問篇》

殺，管仲卻仍然活著。」接著又說：「這樣不能算是合乎行仁的要求吧！」奇怪的是，孔子竟大力為管仲辯護，他說：「齊桓公多次主持諸侯會盟，使天下沒有戰事，都是管仲努力促成的。這就是他的行仁表現！這就是他的行仁表現！」

子貢再提出反對意見，他說：「管仲不算行仁的人吧？桓公殺了公子糾，他不但沒有以身殉難，還去輔佐桓公。」

孔子接著說：「管仲輔佐桓公，稱霸諸侯，一舉而使天下得到匡正，百姓到今天還在承受他的恩惠。如果沒有管仲，我們可能已經淪為夷狄，披頭散髮，穿著左邊開口的衣襟了。他難道應該像堅守小信的平凡人一

原文

子貢曰：「管仲非仁者與？桓公殺公子糾，不能死，又相之。」

子曰：「管仲相桓公，霸諸侯，一匡天下，民到於今受其賜。微管仲，吾其被髮左衽矣。豈若匹夫匹婦之為諒也，自經於溝瀆而莫之知也。」

《論語．憲問篇》

注釋

匡：匡正。

微：無，沒有。

諒：小信，見小不見大。

自經：自縊。

樣，在山溝中自殺，死了還沒有人知道嗎？」

孔子對管仲的推崇，主要的理由就是他輔佐齊桓公，以外交手段避免了戰爭，由此造福了天下百姓。他當然不是鼓勵苟且偷生，而是主張應該分辨「為何而死」，是為了國家還是為了自己擁護的政治領袖？國家與百姓顯然更為重要。若是未死，則當努力保國衛民，以證明自己的志節。

評斷一個人的時候，要就事論事，避免絕對的二分法，不要只看一時一事，而要注意一生行為的長遠結果；並且，看人不要只著眼於私德操守，還須注意他對社會人群功業及貢獻。以管仲來說，他個人儘管有不少缺點，但是在「身為宰相」這一點上卻能幫助百姓，使大家安居樂業。

換句話說，孔子提醒我們以下幾點：

一、個人生命之完成固然在於實踐道德要求，但是道德並非局限於自我內在的主觀判斷，而須與外在事功一併考慮。

二、所謂事功，應該著眼於「個人與群體之間適當關係之實現」，而不必計較其他地位高低及功業大小。

三、管仲盡心盡力以特定角色完成了他的使命，因此事功與德行相互參考之下，可以說這是他的仁德所在。我們不必因為一個人做錯一件事而否定他在其他方面的努力與成就。

4 孝順之難

孝順是——給父母好臉色

心情不好時，臉色自然難看。有一次子夏問孔子孝順的方法，孔子說了一句很平實的話——「子女保持和悅的臉色，是最難的。」

人與人相處久了，喜怒哀樂的情緒不加掩飾，容易流於任性。任性並非真誠，因為真誠的人除了忠於自己的內在感受之外，還有一份體貼與體諒別人的心思。

面對父母時，總是想著他們的生養及教育之恩，扶

原文

子夏問孝。子曰：「色難。有事，弟子服其勞；有酒食，先生饌；曾是以為孝乎？」

《論語．為政篇》

注釋

弟子、先生：是指年輕人與年長者，也可以指學生與老師。因此，對父母的親愛之情，應要超出學生對老師的敬愛表現。

曾：竟、難道。

持與鼓勵之情，自己的臉色自然就會和悅了。子女若是愁眉苦臉，父母一定更為擔心，我們又何忍增加父母的煩惱呢？古代有一位老萊子，七十歲時還穿著五色綵衣，扮演各種角色來逗父母開心。他知道不管自己年紀多大，在父母跟前都是小孩子，那麼一家人怎麼會不快快樂樂地相處呢？

孔子提出「色難」之後，接著反問學生：「有事要辦時，年輕人代勞；有酒菜食物時，年長的人吃喝；這樣就可以算是孝了嗎？」

他的意思是：除了以具體行動表達對父母的服務與奉養之外，不能忽略「和悅的臉色」。重要的是：和顏悅色必須出於真心誠意。做到這一點，親子之間的良性互動，將會源源不絕地展開，家庭生活的品質也會不斷提升。子女如果連這一點都做不到，在交友與處世方面又怎能順利成功呢？

孝順是——不把自己當看門狗

在孝順父母時，不能忘了「敬」字。敬是尊敬，從內心的尊重到言行的合宜，都包含在其中。從前有個媽媽，回家時看到孩子坐在門口，拿著小刀削一塊木頭。她問孩子在做什麼，孩子說：「媽媽給爺爺準備了一個木頭碗，怎麼摔都不會破；我也要削兩個木頭碗，以後給爸爸媽媽使用。」媽媽聽了，才覺悟自己對爺爺不夠尊敬，於是立

即設法改善。這也是身教重於言教的例子。

孔子在回答學生子游時，說：「現在所謂的孝，是指能夠奉養父母。但是像狗與馬，也都能服侍人。如果少了尊敬，又要怎樣分辨這兩者呢？」

狗可以看門，馬可以拉車，這是牠們服侍人的方法，但是牠們不懂得什麼是尊敬。因此，子女如果只是奉養父母而缺少尊敬的話，又與犬馬有什麼不同呢？

人與人相處，不能只考慮功利與實用，應該特別強調彼此之間的真誠情感。以子女對父母來說，在愛慕、體諒、奉養、回饋之外，還須有一份尊敬的心，譬如：認真聆聽父母的話，努力做到父母的要求；即使自己擁有高深的學識與專業的技能，甚至成大功、立大業，也要對父母

原文

子游問孝。子曰：「今之孝者，是謂能養。至於犬馬，皆能有養。不敬，何以別乎？」

《論語．為政篇》

保持由衷的敬愛之心。

孝順是——不添父母憂愁

談到孝順父母，在人生的不同階段，會有不同的要求。譬如，子女年幼時，只要平安健康，父母就心滿意足了。但是，既然年幼，難免粗心大意，以致病痛與傷害接二連三地發生，使父母憂愁不已。

有一次，一位貴族子弟孟武伯請教什麼是孝順，孔子的回答很扼要，他說：「讓父母只為子女的疾病憂愁。」

有些人仗著家世背景比較好，或者父母溺愛縱容，就在外面胡作非為，招惹許多麻煩與是非，然後再讓父母去收拾善

原文

孟武伯問孝。子曰：「父母唯其疾之憂。」

《論語・為政篇》

後。於是，子女一出門，即使是去學校念書，做父母的也放心不下。

因此，若要孝順，首先必須提醒自己「別讓父母擔心」。如果能循規蹈矩，做人處事皆有分寸，只有偶爾生病會讓父母憂愁，那麼就可以稱得上是孝順了。理由是：疾病往往不是人力可以控制的。古代醫藥衛生的條件較差，萬一生病，就有性命之危。做父母的當然特別緊張了。

現代醫療設備雖然較佳，但是各種意外傷害的事故卻增加了。子女不可仗著年輕體健，任意從事冒險的活動，更不能因為一時想不開而輕易放棄生命。孔子一句簡單的話，包含了父母無盡的深情與子女體貼的善念。

孝順是——不要無故失聯

只要「將心比心」，就知道子女為什麼應該孝順。父母關懷子女，是出於天性所表現的溫情；子女若從父母的立場來設想，並作出適當的回應，不但將使父母欣慰，自己也會覺得快樂。

古代的舜，得到孟子的高度推崇，因為他到了五十歲依然愛慕父母，並且體驗了「只有孝順父母，可以消解一切憂愁」，亦即孝順是人生最大的快樂。子女所做的，有時只是小事一件。孔子說：「父母在家時，子女不出遠門，如果出遠門，就必須有一定的去處。」

古代是農業社會，一般人安土重遷，所謂「出遠門」，大

原文

子曰：「父母在，不遠遊，遊必有方。」

《論語．里仁篇》

概有遊學、遊仕、遊歷、遊玩等。真要遠遊時，務必要讓父母知道去處，以便保持聯繫，減少牽掛的心思。這種情形在今日社會已經不再構成問題，因為通訊手機的普遍化，使聯絡並無地區之隔，父母不難知道子女的去處。

現在讓父母擔心的，是子女去了一些不理想、不安全的地方，譬如不合法的娛樂場所。或者，子女所交往的朋友屬於「損友」，以致大家聚在一起，容易游走於法律邊緣，製造社會問題。子女在外，只要不忘記父母的牽掛，言行自然中規中矩了。

當父母有錯時

有些口語流傳很廣，但是意義未必正確，譬如「天下無不是的父母」，就是一個例子。我們可以說，天下的父母都是愛護子女的，但這並不表示父母的言行一定是對的。父母是平凡的人，有優點也有缺點，那麼做子女的在看到父母可能會犯錯時，應該怎麼辦？

孔子說：「服事父母時，發現父母將有什麼過錯，要委婉勸阻；看到自己的心意沒有被接受，仍然要恭敬地不觸犯他們，內心憂愁但是不去抱怨。」

在這段話中，清楚顯示孔子認為「父母也可能會犯錯」，這時子女不該沉默，而要委婉勸阻。這是第一步。換言之，所

原文

子曰：「事父母幾諫，見志不從，又敬不違，勞而不怨。」

《論語．里仁篇》

注釋

幾：隱微的徵象。在此是指婉轉地配合父母的情緒。

勞：指內心憂愁。

謂孝順，絕不是盲目順從父母，甚至跟著父母去違法亂紀或損人利己。孝順的子女既不忍也不願看到父母犯錯，但是在勸諫時，態度一定要委婉。

其次，父母若是一意孤行，子女該怎麼辦呢？依然要保持恭敬態度而不可觸犯他們。畢竟每個人都有自由自主的能力，也都應該為自己的行為負責。子女即使內心憂愁，也不可抱怨連連。作為子女，有時要替父母補過，就是以善行來彌補父母可能犯下的過失。父母即使沒有什麼過失，多多行善也是人生的康莊大道。

當父母有暴力傾向時

孔子的學生中，有兩對知名的父子檔，就是顏路與顏淵，以及曾點與曾參。顏路與曾點二人，只比孔子小五、六歲，卻對他的學識與人品心悅誠服。等他們的孩子到了十五歲，可以行束脩之禮時，自然趕著拜在孔子門下了。

曾參比孔子小了四十六歲，算是孔子晚期的學生。他認真聽課，知道了孝順的重要，一心想要實踐。他的作法是：每當父親生氣，拿起棍子打他時，他都默默忍耐，不抗拒也不逃走，希望父親可以早些消氣。

孔子聽說了這件事，就叫曾參過來，對他說：「你這樣做是不對的。如果你的父親生氣時，下手過重，把你打傷了，他

不是會受到別人的嘲笑嗎？」曾參聽了，嚇出一身冷汗，就請教老師應該怎麼做才對。孔子對他說：「以後看到父親生氣要打你時，他如果拿的是粗大的棍子，你就趕快跑開；他如果拿的是細小的棍子，你就默默受罰。這樣才是真正的孝順。」

換句話說，孝順在於心意，同時要考慮實際的情況與可能的後果，而不是愚孝。

有關曾參的故事，雖然出於傳聞，但是從孔子說他「遲鈍」看來，仍有參考價值。意思是：學習做人處事，不能只靠硬性規則，還須配合主體的智慧，因時因地因人而調整，同時又不忽略規則所要表現的精神。

曾參在進德修業時，把握住「經常自我反省」的方法。他說：「我每天好幾次這樣省察自己：為別人辦事，沒有盡心竭

原文

曾子曰：「吾日三省吾身：為人謀而不忠乎？與朋友交而不信乎？傳不習乎？」

《論語・學而篇》

力嗎？與朋友來往，沒有信守承諾嗎？傳授學生道理，沒有印證練習嗎？」

他在說這段話時，顯然已經在社會上工作，並且擔任老師的職務，教育下一代了。他的示範是：從自己「沒有做到」的角度來省察，先自我要求，再力求改善。這裡沒有提及孝順，原因是他的父母已經過世了。父母在世的時候，曾參的孝順是有名的。

他生病時，把學生召集到家中，說：「看看我的腳，看看我的手！《詩經》上說『戰戰兢兢啊，好像走在深淵旁邊，好像走在薄冰上面』。直到現在，我才敢說自己可以免於毀傷了。同學記住啊！」

他的意思是：所謂孝順，不僅要保護身體不受傷

原文

曾子有疾，召門弟子曰：「啟予足！啟予手！詩云：『戰戰兢兢，如臨深淵，如履薄冰。』而今而後，吾知免夫！小子。」

《論語．泰伯篇》

害，也要避免為非作歹、犯法受刑。換句話說，孝順的心意與行動，將使人成為正人君子。

個人如此，社會亦然。所以曾參說：「喪禮能慎重，祭祀能虔誠，社會風氣就會趨於淳厚了。」

孝順的人，懂得安分知足，並且推己及人，敬老尊賢。他會努力走在人生正途上，「揚名聲，以顯父母」，進而光宗耀祖。曾參以孝順貫穿人的一生言行，值得我們學習。

不按規定守孝，有何不可？

孔子在教導學生時，歡迎學生提出合理的質疑。有

原文

曾子曰：「慎終追遠，民德歸厚矣。」

《論語・學而篇》

注釋

終：指生命結束。「慎終」是要以哀悽之心謹慎地舉行喪禮，表達對死者的尊敬與懷念。

遠：是指離我們較遠的祖先。「追遠」，即定期舉行祭祀，提醒人要飲水思源，心存感恩，如此為人處事就會比較寬厚仁慈了。

一次，宰我認為古代禮儀所規定的「三年之喪」似乎太久了，他的想法是：父母過世之後，子女守喪一年就夠了。事實上，從歷史資料看來，守喪期限並不一致，要嚴格規定似乎有困難。

宰我請教說：「為父母守喪三年，時間未免太長了。君子三年不舉行禮儀，禮儀一定會荒廢；三年不演奏音樂，音樂一定會散亂。舊穀吃完，新穀也已收成；打火的燧木輪用了一次。所以守喪一年就可以了。」

孔子說：「守喪未滿三年，就吃白米飯，穿錦緞衣，你心裡安不安呢？」

原文

宰我問：「三年之喪，期已久矣。君子三年不為禮，禮必壞；三年不為樂，樂必崩。舊穀既沒，新穀既升，鑽燧改火，期可已矣。」

子曰：「食夫稻，衣夫錦，於女安乎？」

曰：「安。」

「女安，則為之！夫君子之居喪，食旨不甘，聞樂不樂，居處不安，故不為也。今女安，則為之！」

宰我出。子曰：「予之不仁也！子生三年，然後免於父母之懷。夫三年之喪，天下之通

宰我說：「安。」

孔子說：「你心安，就去做吧！君子在守喪時，吃美食不辨滋味，聽音樂不感快樂，住家裡不覺舒適，所以不這麼做。現在你既然心安，就去做吧！」

宰我退出房間後，孔子說：「宰我沒有真誠的情感啊！一個孩子生下來，三年以後才能離開父母的懷抱。為父母守喪三年，天下人都是這麼做的。宰我曾經受到父母三年懷抱的照顧嗎？」

宰我認為，守喪期間不能行禮奏樂，三年之後，禮樂恐怕就荒廢了。此外，稻米一年收穫一

喪也，予也有三年之愛於其父母乎！」

《論語．陽貨篇》

注釋

三年之喪：是指為父母守喪三年，「三年」是指二十五個月或二十七個月，不是真正的三年。孔子認為這是天下的通喪，意思是「應該」如此。

食夫稻：吃白米飯，代表生活的享受。古代人要吃到白米飯不容易，尤其是平民百姓。守喪時，要吃比較粗糙的食物，代表心裡思念父母。比較寬厚仁慈了。

次，取火的燧木輪也用了一次。古代沒有火柴，需要按照四時季節不同的木頭來鑽燧取火。既然自然世界一年是一個循環，人文世界為何要三年呢？因此，守喪一年就夠了。

孔子在回答時，把焦點轉移到內心的情感，強調子女因為思念父母而自己願意守喪三年。不過，由於內心情感屬於個人的主觀判斷，所以孔子只能反問宰我：「你心裡安不安呢？」結果宰我說：「安。」孔子如何回應呢？

孔子提醒宰我要真誠面對內心的感受，不可忘記從小所受父母的養育之恩。他指出：「一個孩子生下來，三年以後才能離開父母的懷抱。」這是客觀上的事實，表示父母的恩情確實偉大。但，是不是因為父母懷抱子女三年，將來子女就應該守喪三年呢？這並不能作斤斤計較的考量，因為禮儀的規定是

依正常情況而為整個社會設下普遍的準則。孔子的用意毋寧是希望子女真誠，並且常常記得父母的愛護。守喪期限即使有彈性，人的孝心卻不能打折扣。因此，這一段精采的師生對話，重點在於：孝順是求得心安的主要途徑。

第五部 活出生命的境界

1 信仰與生死

2 讓自己不虛此生

1 信仰與生死

孔子的信仰

有一次，孔子病得很重，子路請示要作禱告。

孔子說：「有這樣的事嗎？」子路說：「有的，《讄文》上說：『為你向天神地祇禱告。』」孔子說：「我長期以來一直都在禱告啊！」

所謂《讄文》，是古代為生者求福的禱詞。子路當然希望老師可以早日痊癒，所以想到要作禱告。我們從孔子問

原文

子疾病，子路請禱。

子曰：「有諸？」

子路曰：「有之。《讄》曰：『禱爾於上下神祇。』」子曰：「丘之禱久矣。」

《論語．述而篇》

他：「有這樣的事嗎？」可知孔子不曾教導學生有關祈禱方面的事。換言之，孔子是教育家與哲學家，並非宗教家。他自己是一位有信仰的人，但是很少談論信仰方面的體驗。事實上，信仰的體驗不但牽涉個人內心最深刻的情操，並且不是言語所能清楚表述的。

孔子最後說：「我長期以來一直都在禱告啊！」這句話有雙重含義。一是，他婉拒子路的好意，因為在他心目中，若要禱告，則對象只有「天」（「獲罪於天，無所禱也」）（論語．八佾篇），而不是向天神地祇禱告。二是，生病時再來禱告，實在不夠虔誠；孔子一生行事，無不上求合乎天意，下求安於良知，等於無時無刻不在禱告之中。

宗教信仰必須融入生活之中，使人隨時保持真誠的心態。至於生病或遭遇災難，則是世間的必經之路，不能妄想靠信仰去逃避。

騙得了人，騙不了天

孔子病得很重，子路安排學生們組織治喪處。後來病情緩和些，孔子說：「這段時日以來，子路的作法太偏差了！不該有治喪的組織卻假裝有，我想欺瞞誰呢？難道要欺瞞天嗎？我與其在治喪的人手裡過世，不是不如在你們幾位學生的手裡過世嗎？我就算得不到隆重的葬禮，難道就會死在路上沒人管嗎？」

按照古代禮制，諸侯以上的君主過世，才可以組織

原文

子疾病，子路使門人為臣。病間(ㄐㄧㄢˋ)，曰：「久矣哉，由之行詐也！無臣而為有臣。吾誰欺？欺天乎？且予與其死於臣之手也，無寧死於二三子之手乎？且予縱

治喪處；春秋時代的卿大夫仿效這種作法。以孔子當時的身分來說，是不能這麼做的，但是，子路大概是敬愛老師又推崇老師，所以也想讓老師的喪禮辦得莊嚴堂皇。他忽略了一點，就是孔子一生恪守禮教，根本不能接受不合禮數的安排。孔子在責怪子路時，特別提到了「我想欺瞞誰呢？」世人也許對於禮制陽奉陰違，並且當時各種名不副實的行為也確實層出不窮。

即使可以欺瞞世人，但是孔子接著說：「難道要欺瞞天嗎？」孔子所信仰的天是不可欺瞞的，因為天所代表的是至高的神明，既無所不在又無所不知，並且要求每一個人都須努力走向完美。孔子當然明白子路的好意，但是他所誠心遵行的是天意。

不得大葬，予死於道路乎？」

《論語・子罕篇》

注釋

病間：病勢略見好轉。

行詐：做欺詐的事。

尊重信仰的方式

自古以來，人類在信仰方面的表現就是多元並存的。因此，我們在肯定自己的信仰時，也須尊重別人的信仰。孔子的作法正是如此。

一方面，我們看到孔子的舉動是：「即使吃的是粗飯與菜湯，也一定要祭拜，態度一定恭敬而虔誠。」這種「每飯必祭」的傳統是古代流傳下來的。祭法是：取出一點食物，放於食器之間。據說這是祭拜最初發明熟食的人，表示不忘本；當然也可以表示感謝上天的眷顧，以及對自己生命中一切遭遇的感恩之情。

另一方面，我們看到：「鄉里的人舉行驅逐疫鬼的儀

原文

雖疏食菜羹，必祭，必齊（ㄓㄞ）如也。

《論語·鄉黨篇》

注釋

齊：肅敬、莊重。

式時，他穿著正式朝服站在東邊的臺階上。」孔子在鄉人奉行民俗信仰的儀式時，不但沒有輕忽或歧視的念頭，反而以莊嚴而恭敬的態度來面對。他站在東邊的臺階上，表示自己是家宅的主人，要對經過的群眾致意。

近代以來，許多知識分子接受科學的洗禮，斷定宗教是可有可無的迷信，不但不認真對待，甚至還要批判及剷除之，這種情況令人遺憾。我們學習孔子思想，明白信仰是個人自己的抉擇，是生命至深的關懷。我們在珍惜自己的信仰時，別忘了也該以善意來看待別人的信仰。

原文

鄉人儺（ㄋㄨㄛˊ），朝服而立於阼（ㄗㄨㄛˋ）階。

《論語．鄉黨篇》

注釋

儺：是民俗信仰的儀式，用來驅除疫鬼。

阼階：指東邊的臺階。

祭拜的心態最重要

古代的禮制，規定人們定期祭祀祖先與神明。在遵守這一類規定時，許多人可能行禮如儀，卻心不在焉或態度散漫。《論語》中有一段相關的資料。

「祭祀時有如受祭者真的臨在。祭鬼神時有如鬼神真的臨在。孔子說：『我不贊成那種祭祀時有如不祭祀的態度。』」

這一段文字的前半段，應該是描寫學生們觀察孔子祭祀時的表現。他們看到老師在祭禮中的一舉一動，虔誠得好像眼前真有受祭者存在一樣。

接著，孔子大概覺察學生們的好奇，於是把握此一

原文

祭如在。祭神如神在。子曰：「吾不與祭如不祭。」

《論語・八佾篇》

時機來開導他們。他說的話，原文是：「吾不與祭如不祭。」由於古代文句並未標點，有些學者認為孔子說的是：「吾不與祭，如不祭。」意思是：我沒有親自參與祭祀，就好像我沒有祭祀一樣。這樣的意思不但與上文的關聯不大，並且本身像是同語反覆，乏善可陳。

因此，孔子所說的應是：「吾不與，祭如不祭。」文中的「與」是「贊成」的意思。正因為當時有些人「祭祀時有如不祭祀」，完全缺乏虔誠的心態，所以孔子無法苟同，才要加以批評。他自己先在祭禮中「示範」如何才是虔誠的表現，接著才提醒學生應該注意的重點。祭祀若是忽略虔誠，鬼神也不會贊同的。

先關心「生」的意義

子路請教如何服事鬼神。孔子說：「沒有辦法服事活人，怎麼有辦法服事死人？」

子路又問：「膽敢請教死是怎麼回事？」孔子說：「沒有了解生的道理，怎麼會了解死的道理？」

許多人讀到這一段資料，就輕率作出兩點結論：一是孔子重人不重鬼，二是孔子居然不了解死的道理。事實上並非如此。

孔子回答學生的問題時，向來都會考慮因材施教，這一次也不例外。子路是勇敢豪爽，樂於行動的學生，對於神

原文

季路問事鬼神。子曰：「未能事人，焉能事鬼？」曰：「敢問死？」曰：「未知生，焉知死？」

《論語・先進篇》

祕或抽象之事較無興趣。孔子希望他先認真學會「如何服事人」，亦即在世間與別人好好相處。只要做到這一點，就不難以合宜態度服事鬼神了，因為鬼神也是古人生命轉化的結果啊！

其次，他希望子路先學會「活著」的一切道理，明白為何而生，就不難覺悟為何而死。《論語》一書所談的大都是人生問題，但並未忽略死亡。譬如，在此書中，「生」字出現十六次，而「死」字出現三十八次，這個簡單的數字對比，可以提醒我們：孔子當然了解死的道理，只是他期許人們先珍惜此生，好好把握正確的人生觀。

敬鬼神而遠之

在古人的信仰系統中，位居最高地位的是「天」（或上帝），也可以稱為至高神明。位階較低的是自然神與鬼（人的祖先），這兩者往往合稱「鬼神」。一般人覺得「天」太過崇高與遙遠，並且禮制規定只有天子才有資格祭天，於是百姓習慣向鬼神禱告與獻祭，希望由此獲得庇佑。

樊遲請教什麼是明智。孔子說：「專心做好為百姓服務所該做的事，敬奉鬼神但是保持適當的距離，這樣可以說是明智了。」

他又請教什麼是行仁。孔子說：「行仁的人先努力辛苦耕耘，然後才收穫成果，這樣可以說是行仁了。」

原文

樊遲問知。子曰：「務民之義，敬鬼神而遠之，可謂知矣。」問仁。曰：「仁者先難而後獲，可謂仁矣。」

《論語．雍也篇》

孔子在此所謂的明智，似乎是針對即將從政的學生而說的。政治人物的首要職責是為百姓服務，千萬要避免「不問蒼生問鬼神」的偏差態度。至於「敬鬼神而遠之」，是強調在尊敬鬼神時，要注意人的責任意識。如果未能與鬼神保持適當的距離，就很可能事事依賴鬼神，希望有奇蹟出現來解決現實生活上的挑戰，結果反而形成迷信風氣，也無法促成人類文明的進步。

事實上，「敬鬼神而遠之」是孔子以前早就存在的觀念。孔子這樣說，除了認同古人的理性主張之外，並未有一絲一毫懷疑或否定鬼神的意思。人的祖先都變成鬼神了，現在是我們承擔自己責任的時候了。

2 讓自己不虛此生

孔子的志向

有一次，顏淵與季路站在孔子身邊。孔子說：「你們何不說說自己的志向？」

子路說：「我希望做到：把自己的車子、馬匹、衣服、棉袍，與朋友一起用壞了都沒有一點遺憾。」

顏淵說：「我希望做到：不誇耀自己的優點，不把勞苦的事推給別人。」

子路說：「希望聽到老師的志向。」

原文

顏淵、季路侍。子曰：「盍各言爾志？」

子路曰：「願車馬衣裘，與朋友共敝之而無憾。」

顏淵曰：「願無伐善，無施勞。」

子路曰：「願聞子之志。」

子曰：「老者安之，朋友信之，少者懷之。」

《論語．公冶長篇》

孔子說：「使老年人都得到安養，使朋友們都互相信賴，使青少年都得到照顧。」

孔子認為，一個人藉著學習，培養專長，成為人才之後，就應該投身於服務社會的工作。他把一個人的自我實現界定在為民造福的目標上。只要能使天下人都過得快樂，他自己也會體驗到最深的滿足感。當學生請教孔子本人有何志向時，他毫不猶豫地說：「使老年人都得到安養，使朋友們都互相信賴，使青少年都得到照顧。」

老年人與孩童是社會中的弱勢群體，應該獲得較多的幫助，如此才可符合社會正義。事實上，任何人的一生都是由少至老的過程，因此這種原則應該可以普遍適用，不僅放諸四海皆準，並且跨越古今時空之差異。

至於「使朋友們都互相信賴」，則需要社會具備穩定的秩序與和諧的氣氛，並且在政治及教育方面都能有良好的規劃與成效。天下的人只要因緣條件配合得宜，都可以成為朋友，並且一旦成為朋友都可以互相信賴。這真是大同世界的理想啊！

有志向，人生才有奮鬥的目標。孔子的志向雖然在他生前並未實現，但是為人類留下一道永恆的曙光，啟迪著一代一代的有志之士繼續振作及努力。

要活得正正當當

今天是自由經濟的時代，只要是合法投資所賺的錢，我

們可以用來提高生活水平，當然也可以用來回饋社會。說到賺錢，孔子也有興趣。

孔子說：「財富如果可以求得，就算在市場擔任守門員，我也去做；如果無法以正當手段求得，那麼還是追隨我所愛好的理想吧。」

古代的市場，有專門執著鞭子守在門口的人，因市場上金錢往來熱絡，故設置以防範不法分子。在市場擔任守門的工作，雖然地位不高，但能率先知道貨物行情，比較可能賺到錢。這是正當的工作，所以孔子並不排斥。但是，一切不必勉強，孔子還是會追隨原定的理想。他曾描寫自己的生活態度：「吃的是粗食，喝的是冷水，彎起手臂作枕頭，這樣的生活也

原文

子曰：「富而可求也，雖執鞭之士，吾亦為之，如不可求，從吾所好（ㄏㄠˋ）。」

《論語．述而篇》

有樂趣啊！用不正當的手段得來的富貴，對我就好像浮雲一樣。」

天上的浮雲變化莫測，東飄西蕩，看似美妙，其實虛幻。一個人用不正當手段得到富貴，恐怕內心不會踏實，而且隨時擔憂美夢成空。孔子早就看透了這一點，所以可以安於平凡平淡的生活。不論在社會上能否功成名就，我們都要記得：內心的快樂才是最重要的。在追求富貴時，一定要注意手段是否正當。

有些事，只是浪費生命

我們接受教育，是為了學得一技之長，將來可以在

原文

子曰：「飯疏食飲水，曲肱而枕之，樂亦在其中矣。不義而富且貴，於我如浮雲。」

《論語．述而篇》

注釋

曲肱而枕之：彎起手臂作枕頭，代表家徒四壁，連床也沒有。

社會上立身處世。不過，人生不能因為站穩腳步就開始浪費時間。

孔子說：「整天吃飽了飯，對什麼事都不花心思，這樣很難走上人生正途啊！不是有擲骰下棋的遊戲嗎？去玩玩也比這樣無聊要好些！」

所謂的「擲骰下棋」（博弈），近似今日的線上遊戲，或下棋、玩橋牌之類的益智活動，如果花些心思在上面，至少不會陷入偏差的欲望，做出違法亂紀，為害社會的事。

孔子又說：「一群人整天相處在一起，說的是無關道義的話，又喜歡賣弄小聰明，實在很難走上人生正途！」現在社會上流行一些八卦消息，其中猜測及渲染的

原文

子曰：「飽食終日，無所用心，難矣哉！不有博弈者乎！為之，猶賢乎已。」

《論語．陽貨篇》

原文

子曰：「群居終日，言不及義，好行小慧，難矣哉！」

《論語．衛靈公篇》

成分居多，我們實在不必在這些地方浪費心思。要記得「謠言止於智者」，我們不用推波助瀾，跟著熱鬧的新聞起舞。

孔子在這兩段話中，都提到「難」字，意思是：很難走上人生正途。人生就像旅行，一旦誤入歧途，必須回過頭來重新出發，但是時間一去不復返，實在不容許我們任意糟蹋。聽到孔子的感嘆，我們應該認真反省自己每天的日常生活，珍惜及把握每一刻。

人在做，天在看

孔子抵達衛國之後，發現衛國有兩派勢力互相傾軋，都在想辦法爭取他的加入。這兩派勢力中，一派是地位尊貴

的國君與夫人；另一派則是握有實權的幾位大夫。王孫賈代表後者來遊說孔子。

王孫賈請教孔子：「『與其討好尊貴的奧神，不如討好當令的灶神。』這句話是什麼意思？」孔子說：「不是這樣的。一個人得罪了天，就沒有地方可以獻上禱告了。」

王孫賈以流行的成語請教孔子，暗示孔子應「識時務者為俊傑」。奧神在室內西南角，地位尊貴，但是不負責實際事務；灶神則負責廚房的飲食之事，顯然有利可圖。他希望孔子選擇有利的這一邊。

孔子的回答並未表明態度，而是把層次提升到「天」，宣稱一個人的言行如果得罪了天，就將求告無門，連奧神、灶神都不管用。他的意思是：執政者如果只知爭權

原文

王孫賈問曰：「『與其媚於奧，寧媚於灶。』何謂也？」子曰：「不然。獲罪於天，無所禱也。」

《論語．八佾篇》

奪利，而不能盡忠職守為百姓謀福利，那麼最後將是敗亡的結局。我們從春秋到戰國的發展看來，不得不佩服孔子的遠見與定見。

在此，「不可得罪天」，是指不可忘記政治人物的職責在於照顧百姓。怠忽職守，就是得罪了天。

人生最可貴的事

孔子說：「早晨聽懂了人生理想，就算當晚要死也不妨。」這是《論語》一書中，含義最深刻的一章。

首先，死是何等重大的事，為什麼孔子說起來那麼輕鬆呢？好像在這種情況下死亡，完全沒有遺憾似的？

原文

子曰：「朝聞道，夕死可矣！」

《論語・里仁篇》

為什麼「聽懂了人生理想」，竟是如此關鍵的事？

人生在世，全看志向。志向若有偏差，譬如以為爭取名利權位是人生目標，那麼不論成就再大，也是一場空，因為所有外在的成就都是可以量化及比較的，況且一旦生命結束，什麼都帶不走。

正確的志向並不會排斥或漠視成就，但是一定會把焦點轉向內在自我的修養，期許自己由平凡人轉化為君子，從真誠出發，一生擇善固執，最後止於至善。只有做到這一點，人的生命才有自主性，人格也才能挺立起來，並且真正彰顯了人的尊嚴。

孔子在此談到朝夕（早晨、晚上），意思是：只要一念之轉，轉對了方向，就算只能再活一段很短暫的時間，也不會覺得惋惜。何以如此？因為一念之間，頓覺昨非而今是，體認生命充滿無限的希望，能在這種希望狀態中活著，一剎那無異於永恆，又怎麼會在乎死亡的威脅呢？

怎樣才算完整的人生？

我們所嚮往的全人教育，應該以妥善規劃完整的人生為目標。那麼，在孔子看來，完整的人生要如何安排？孔子說：「志於道，據於德，依於仁，游於藝。」（立志追求人生理想，確實把握德行修養，絕不背離人生正途，自在涵泳藝文活動）。這句話有四個重點，以下試加申述。

首先，「道」是人生的康莊大道，指人生理想或完美人格

而言，所以要立志追求。沒有志向，人生無法聚焦，再好的天賦也會浪費。

其次，「德」是個人的德行修養。修德的原則相同而程度各自有別，所以要確實把握。走在人生路上，必須腳踏實地，向者目標邁進。

第三，「仁」是在個人身上顯示的人生正途，重點在於擇善固執，所以要做到絕不背離。在不同的處境中，每一個人有他自己的原則要堅持。

最後，「藝」是禮樂射御書數這「六藝」，可以統稱為藝文活動。若能以此涵泳，則生活將充滿活潑的趣味，而不再只有緊張與壓力。

展望未來的人生，我們期許自己保持身心狀態的均衡，並且朝著理想前進，這時要特別記得孔子的這句話，尤其不可忘記「游於藝」，每天都可以自得其樂。

知者與仁者，能享天年

孔子說：「明智的人欣賞流水，行仁的人欣賞高山。明智的人與物推移，行仁的人安穩厚重。明智的人常保喜樂，行仁的人得享天年。」

孔子稱許明智的人與行仁的人。所謂明智，側重理性的覺悟能力，能夠辨別客觀的條件，並且選擇主觀的行動，面對任何處境，都可以從容應付。他欣賞流水，因為流水可以適應一切狀況，不會遭遇困阻；他與物推移，因

原文

子曰：「知者樂水，仁者樂山。知者動，仁者靜。知者樂，仁者壽。」

《論語．雍也篇》

為隨著時機進展，可以展現活潑的力量；他常保喜樂，因為明白各種事理而充滿信心。

其次，行仁的人，本身就像高山一樣，可以容納各種生命型態，能支持好人也能勸導壞人；他安穩厚重，正是「不動如山」，以不變來回應萬變，而不覺有任何不足之處。此外，他還得享天年，因為他不但與世無爭，並且總是與人為善，受到大家的感激與祝福。

孔子對明智與行仁，雖然分別論述各有千秋，但是二者並非平行相等或互不相屬。綜合而言：行仁的人是「能樂水，還能樂山；能動，還能靜；能樂，還能壽」，亦即明智者還須往行仁的方向努力，若無行仁作為目標，明智者很可能誤入歧途，成了聰明善巧的世俗之人。

生命的價值觀

孔子是教育家，也是哲學家。他明白人生終究難免一死，並且死有重於泰山，也有輕於鴻毛。在他看來，如果為了「仁」而犧牲生命，不但不是損失，反而是一種美好的成全。所謂「仁」是指一旦真誠體察內心有向善的要求之後，就擇善固執，並且期許自己止於至善。這一系列的生命方向所代表的人生理想，就是「仁」字的意義所在。

孔子說：「有志者與行仁者，不會為了活命而背棄人生理想，卻肯犧牲生命來成全人生理想。」如果放棄人生理想，不是雖生猶死嗎？不過，一般人恐怕不易了解這個道理。

孔子說：「百姓需要走上人生正途，勝過需要水與火。為

原文

子曰：「志士仁人，無求生以害仁，有殺身以成仁。」

《論語．衛靈公篇》

了得到水與火，我見過有人犧牲了生命，但是卻不曾見過有人為了走上人生正途而死的。」

水與火，代表謀生的條件。人要活下去，就需要水與火，進而延伸到世間的名利權位，最後變成無休無止的追逐物欲，甚至犧牲了寶貴的生命。這樣的犧牲是不值得的。孔子認為，如果走在人生正途上，堅持追求人生理想之實現，那麼即使因而犧牲了生命，也是死得其所。明白這個道理，人生將會豁然開朗。

追求自己生命的高度

有一次，子路請教怎樣才是君子，孔子說：「修養自己，

原文

子曰：「民之於仁也，甚於水火。水火，吾見蹈而死者矣，未見蹈仁而死者也。」

《論語．衛靈公篇》

以致能認真謹慎地面對一切。」

子路再問：「這樣就夠了嗎？」孔子說：「修養自己，以致能安頓四周的人。」

子路又問：「這樣就夠了嗎？」孔子說：「修養自己，以致能安頓所有的百姓。修養自己，以致能安頓所有的百姓，堯舜也會覺得這是很難做到的事啊！」

另有一次，子貢說：「如果有人普遍照顧百姓又能確實濟助眾人，這樣如何呢？可以稱得上行仁嗎？」孔子說：「這樣何只於行仁，一定要說的話，已經算是成聖了，連堯舜都會覺得難以做到啊！所謂

原文

子路問君子。子曰：「修己以敬。」

曰：「如斯而已乎？」

曰：「修己以安人。」

曰：「如斯而已乎？」

曰：「修己以安百姓。修己以安百姓，堯舜其猶病諸！」

《論語．憲問篇》

行仁，就是在自己想要安穩立足時，也幫助別人安穩立足；在自己想要進展通達時，也幫助別人進展通達。能夠從自己的情況來設想如何與人相處，可以說是行仁的方法了。」

以上兩段資料提醒我們：個人與群體之間互相依存的密切關係。堯舜是聖賢的代表，我們則在追求立與達時，也須想到立人與達人。

原文

子貢曰：「如有博施於民而能濟眾，何如？可謂仁乎？」子曰：「何事於仁，必也聖乎，堯舜其猶病諸！夫仁者，己欲立而立人，己欲達而達人。能近取譬，可謂仁之方也已。」

《論語．雍也篇》

知識分子的使命感

曾參比孔子小了四十六歲，是孔子的晚期弟子。孔子發現這個學生雖然反應遲鈍，但是非常用功，並且努力知行合一。有一次，孔子在上課時，主動說起：「曾參啊！我的人生觀是由一個中心思想貫穿起來的。」

孔子的用意，是希望他接著請教具體的內容。古代的老師，在解說教材之外，採取問答法，由學生發問、老師回答，這樣才可以因材施教。曾參年紀輕，又不夠聰明，照理說應該會追問「何謂也？」但是這一次他居然回答「是的。」孔子一看，估算有誤，只好下課走出教室。這時，別的學生就問曾參：「何謂也？」曾參只好說出自己的心得：「老師的人生觀只是忠與恕罷了。」

閱讀上述資料，認真思考就知道：忠恕是曾參個人

原文

子曰：「參乎！吾道一以貫之。」曾子曰：「唯。」

子出，門人問曰：「何謂也？」曾子曰：「夫子之道，忠恕而已矣。」

《論語・里仁篇》

的體會，而未必是孔子的中心思想。等到曾參自己年紀大了，終於體認了什麼才是老師的思想主軸。請聽他的說法：「讀書人不能沒有恢弘的氣度與剛毅的性格，因為他承擔重任而路途遙遠。以行仁為自己的責任，這個擔子還不沉重嗎？直到死時才停下腳步，這個路程還不遙遠嗎？」

既然「行仁」是從生到死都應該堅持的，它當然是人生的唯一目標了。孔子的中心思想，也正是行仁，就是走在人生正途上，要努力行善避惡，完成自我實現。

原文

曾子曰：「士不可以不弘毅，任重而道遠。仁以為己任，不亦重乎？死而後已，不亦遠乎？」

《論語．泰伯篇》

國家圖書館出版品預行編目資料

活出自己的價值：以孔子為師／傅佩榮著．
-- 初版．--臺北市：幼獅，2019.06
面；　公分．--（生活館；3）
ISBN 978-986-449-158-2(平裝)

1.（周）孔丘　2.學術思想　3.人生哲學

121.23　　108006960

・生活館003・

活出自己的價值——以孔子為師

作　　者＝傅佩榮
繪　　圖＝嚴凱信
出 版 者＝幼獅文化事業股份有限公司
發 行 人＝李鍾桂
總 經 理＝王華金
總 編 輯＝林碧琪
主　　編＝韓桂蘭
編　　輯＝謝杏旻
美術編輯＝游巧鈴
總 公 司＝10045臺北市重慶南路1段66-1號3樓
電　　話＝(02)2311-2832
傳　　真＝(02)2311-5368
郵政劃撥＝00033368

印　刷＝欣佑彩色製版印刷股份有限公司
定　價＝290元
港　幣＝97元
初　版＝2019.06　二刷＝2021.02
書　號＝911049

幼獅樂讀網
http://www.youth.com.tw
e-mail：customer@youth.com.tw
幼獅購物網
http://shopping.youth.com.tw

行政院新聞局核准登記證局版臺業字第0143號